Grundlinien einer systematischen Theologie

Hans Scholl

Grundlinien einer systematischen Theologie

Aus philosophischer Sicht

PETER LANG
Frankfurt am Main · Berlin · Bern · Bruxelles · New York · Oxford · Wien

Bibliografische Information der Deutschen Nationalbibliothek
Die Deutsche Nationalbibliothek verzeichnet diese Publikation in
der Deutschen Nationalbibliografie; detaillierte bibliografische
Daten sind im Internet über <http://www.d-nb.de> abrufbar.

ISBN 978-3-631-57174-3
© Peter Lang GmbH
Internationaler Verlag der Wissenschaften
Frankfurt am Main 2008
Alle Rechte vorbehalten.

Das Werk einschließlich aller seiner Teile ist urheberrechtlich
geschützt. Jede Verwertung außerhalb der engen Grenzen des
Urheberrechtsgesetzes ist ohne Zustimmung des Verlages
unzulässig und strafbar. Das gilt insbesondere für
Vervielfältigungen, Übersetzungen, Mikroverfilmungen und die
Einspeicherung und Verarbeitung in elektronischen Systemen.

www.peterlang.de

Inhalt

Vorwort _____ 9

I. *Das Wesen des Christentums* _____ 13
1. Zusammenfassung _____ 13
2. Christentum _____ 13
3. Christlicher Kulturkreis _____ 13
4. Christliche Religion _____ 13
5. Christliches Volk des Gottes Israels _____ 14
6. Glaube an Gott _____ 15
7. Persönlicher, allmächtiger Gott: eine Religion des Als ob _____ 17
8. Monotheismus _____ 18
9. Kirche _____ 19
10. Vielheit der Kirchen _____ 20
11. Sinnesänderung Gottes in der Geschichte _____ 20
12. Offenbarung _____ 21
13. Gott in Jesus _____ 21
14. Gnade und Glaube _____ 24
15. Gerechtfertigter Sünder _____ 25
16. Freiheit in Abhängigkeit von Gott _____ 28
17. Der stellvertretend Leidende _____ 29
18. Theodizee _____ 31
19. Verketzerung Gottes _____ 33
20. Martyria _____ 36
21. Der Christus _____ 36
22. Auferstehungsglaube _____ 37
23. Heiliger Geist _____ 38
24. Glaubensbekenntnis _____ 39
25. Christliche Liebe _____ 39

II. *Denkansätze zu einer christlichen Ethik* _____ 41
26. Zusammenfassung _____ 41
27. Existentieller Hintergrund _____ 41
28. Das Ja des christlichen Glaubens zum konkreten individuellen Menschenleben und sein Protest gegen eine Kultur des Todes _____ 42

29.	Freiheit	45
30.	Gut und Böse	45
31.	Zwischen Natur und Technik	48
32.	Die Gesetze des Pentateuchs	49
33.	Antike Tugend-Lehre	51
34.	Das Ideal der christlichen Ethik	53
35.	Verwirklichung	55
36.	Von Gott verordnete Institutionen	57
37.	Politische Aufgabe der Kirche	59
38.	Politische Ethik des christlichen Bürgers	60
39.	Ethik christlicher Politiker	63
40.	Christliche Politik zugunsten der Kirche	65
41.	Globalisierung und weltweite christliche Geschwisterlichkeit	65
III.	*Begründung*	67
42.	Zusammenfassung	67
43.	Bekenntnisgrundlage	68
44.	Begründung im Neuen Testament	69
45.	Begründung im Alten Testament	73
46.	Begründung in der Kirchengeschichte	75
47.	Kirchengeschichtliches Ringen um das christliche Selbstverständnis trotz Dogma	75
48.	Kirchengeschichte als Versuch, Gott zur Macht zu verhelfen	83
49.	Begründung in der Religionsgeschichte	88
50.	Philosophische Begründung	92
51.	Begründung in der Psychologie	95
52.	Begründung in Phantasie und Werken der Dichtung	97
53.	Begründung in der christlichen Praxis	97
IV.	*Die Wahrheitsfrage*	99
54.	Der Wahrheitsanspruch des Christentums	99
55.	Die Wahrheit über das Christentum	99
56.	Aspekte der Frage nach der Wahrheit des Christentums	101
57.	Rationale und bekennende Antwort auf die Wahrheitsfrage	103
58.	Protestantismus	103
59.	Ostkirche	105
60.	Katholizismus	106
61.	Judentum	107
62.	Islam	111
63.	Hinduismus und Buddhismus	115

64.	Christliche Sekten	119
65.	Atheismus	123

Paraphrase zum Glaubensbekenntnis (Apostolikum) — 125

Stichwortverzeichnis — 129

Vorwort

Dies ist die überarbeitete Fassung eines Scriptums, an dem ich mich als evangelischer Religionslehrer orientierte. Ich erarbeitete es 1984 als Schlußteil einer viel umfangreicheren Loseblatt-Sammlung, die ich „Grundlagen für den Religionsunterricht" nannte. In ihr waren ihm gedrängte Überblicke über die Geschichte des Alten, des Neuen Testaments sowie der Kirchen- und allgemeinen Religionsgeschichte vorgeordnet. Aus der möglichst umfassenden Kenntnis der dort umrissenen Zusammenhänge und dem Durchdenken möglichst vieler aufgeführter Gedanken müßte sich, meinte ich, eine einigermaßen in die Tiefe gehende systematische Besinnung darüber speisen, wer wir als Christen oder Angehörige anderer Religionen eigentlich sind und was wir eigentlich glauben. Der systematische Teil, den ich vorlege, ist demnach ein Torso, der für den Leser erst in dem Maß zu einem Ganzen wird, in dem er sich selbst mit der Mannigfaltigkeit der wirklichen geschichtlichen Religionen vertraut macht. Er möchte aber zeigen, wie man in Fragen der Religion auf einer – darüber können auch die z.T. aus Übersetzungen und Quellenlesebüchern entnommenen Belegstellen nicht hinwegtäuschen – notwendig immer zu schmal bleibenden Basis des Wissens in verantwortbarer Weise „allgemeingebildet" sein, d.h. sich ein – stets korrigier- und weiterentwickelbares – Urteil bilden kann. Als zusammenfassende Antwort auf die Frage, in welchem Sinn man nach dem im einzelnen Dargelegten auch heute noch gläubiger Christ sein kann, füge ich zum Schluß eine (natürlich nicht für den gottesdienstlichen Gebrauch an Stelle des herkömmlichen gedachte) Paraphrase des apostolischen Glaubensbekenntnisses bei.

Mit meiner Interpretation des christlichen Glaubens (auch im Verhältnis zu anderen Religionen und zum Atheismus) beschreite ich den Weg zur Theologie, der von der Philosophie ausgeht. Diese bedeutet dabei wie im Verhältnis zu sonstigen Gebieten nichts anderes als Ausgang von der alltäglichen und wissenschaftlichen Begriffsbildung unter dem Gesichtspunkt: Was meint ihr eigentlich mit euren Auffassungen? Welche Voraussetzungen macht ihr? So verstandene Philosophie setzt nicht ein eigenes Konstrukt an die Stelle der etablierten Religionen, sondern sucht diese in ihrer authentischen Form zu verstehen. Sie nimmt zuallererst ihren Glauben an einen für metaphysisch real gehaltenen Gott (bzw. an deren mehrere) ernst. Und sie stellt sich der Frage nach der Bedeutung des mythischen Denkens, besonders für den Christusglauben. Beides, besonders aber das erste, hat mein Greifswalder philosophischer Lehrer Günther Jacoby herausgearbeitet.[1] Wie die Rolle des mythischen Denkens dabei zu verstehen ist, rückte namentlich Karl Jaspers durch seine Stellungnahme in der Entmythologisierungsdebatte ins Licht.[2] Im christlichen wie jedem anderen Glauben bewegen wir uns „zwischen Metaphysik und Mythos".[3] Und derartige Philosophie billigt auch denen ein nach ihren Kriterien vernünftiges Religionsverständnis zu, die es nicht theoretisch formulieren mögen oder können. Die gelebte Lebenshaltung kann für sich allein dem philosophischen Ideal mehr entsprechen als die des glänzendsten Theoretikers. Das erinnert an die „tripertita theologia", die „dreigeteilte Theologie" der sogenannten „mittleren" (römischen) Stoiker Panaitios (ca. 185-109) und Poseidonios (ca. 135-51).[4] Die unterschieden von den mythischen religiösen Vorstellungen der Gläubigen einerseits und von der staatlichen zeremoniell geordneten Religiosität andererseits ihr philosophisches Verständnis. Sie nahmen alle drei als in gewisser Weise gleichberechtigt, meinten aber doch, daß dem wahren Wesen der Religion allein die Philosophie gerecht wird. Wir müssen das m.E. heute etwas anders akzentuieren: Auch wenn es nicht jeder so denken und formulieren kann oder mag: Das wenigstens angestrebte, dem wahren Sinn der Religionen nachgehende philosophische Verständnis wäre das maßgebliche. Nur schließt dies das mythische nicht aus, sondern ein: Dieses ist die legitime, für uns naturgegebene, durch nichts Besseres zu ersetzende Weise, unsere für das religiöse Denken den Anlaß gebende Daseinssituation zu erfassen und mit ihr umzugehen. Das aber nicht so, daß jeglicher mythischen Vorstellung sich hinzugeben nunmehr gerechtfertigt wäre. Es bedarf der von Jaspers beschworenen „klärenden Kämpfe" und des geistigen „Ringens"[5] um so etwas wie „richtige Orientierung" auch in diesem Sektor unserees Fühlens und Denkens.

Zentral in meinem Briefwechsel mit Jacoby war einst die Frage, wie man Schülern den positiven Gehalt des christlichen Glaubens nahebringen kann, ohne sie durch Hervorkehrung der ihm in seiner geschichtlich bedingten Form unstreitig anhaftenden Fehler in den Unglauben zu treiben[6]. Dem sich der philosophischen Interpretation Öffnenden fällt es erfahrungsgemäß oft schwer, gottesdienstliche Handlungen ohne intellektuelles Unbehagen zu vollziehen. Ist die

---

1 Er lebte 1881-1969. Seine „theologische Ontologie" in: Allgemeine Ontologie der Wirklichkeit II, Halle 1955, [2]unveränd.Tübingen 1993, 799-899; die Rolle des Mythos im Christusglauben: 854-860. Frühere Kurzfassung in: W. Falkenhahn (Hg.): VERITATI (Fs. J. Hessen) München 1949, 17-52 (mit vielen Druckfehlern).
2 „Wahrheit und Unheil der Bultmannschen Entmythologisierung" in: H.-W. Bartsch (Hg.): Kerygma und Mythos, Hamburg II [2]1957, 9-46.
3 Vgl. meinen Aufsatz „‚Christlicher Glaube zwischen Metaphysik und Mythos' – Was heißt das?" in: Berliner Theologische Zeitschrift 15 / 1998, 252-278
4 Nach Max Pohlenz: Die Stoa I, Göttingen [4]1970, 198, 234, 262 f.
5 a.a.O. (Anm. 2), 22
6 Besonders in (noch unveröffentlichten) Briefen an mich vom 25. 2. und 3. 6. 1959

Einbeziehung des mythischen Umgangs mit den religiösen Fragen in die philosophische Reflexion richtig, so ist die Wiederansiedlung des durch die philosophische Bewußtheit Hindurchgegangenen in der religiösen Praxis nicht ein Rückfall in frühere Naivität, sondern die Erreichung einer reiferen Sicht, die das Berechtigte der kritischen Auseinandersetzung weiter im Auge behält, aber, ohne Aufhebens von ihr zu machen, sich zu seiner ihm natürlichen auch bildlichen Art der Wirklichkeitserfahrung bekennt.

Meinen früheren Religions- und Philosophie-Schülern danke ich für viele Anregungen, einigen von ihnen für die Durchsicht des Manuskripts und dem Peter Lang Verlag für das mir entgegengebrachte Vertrauen.

Hans Scholl

1. Das Wesen des Christentums

1. Zusammenfassung

Das Christentum versteht sich als die Religion des internationalen Volkes des Gottes Israels, das er berufen, geprägt und in seinen Dienst genommen hat, indem er sich in Jesus von Nazareth als der Gott offenbarte, der das Leid der Menschen auf sich nimmt, für und durch es stirbt, aber wieder aufersteht. Diese Gottesoffenbarung ist die verbindliche Richtschnur des christlichen Gottesvolkes. Sie veranlaßt und ermöglicht seinen Dienst an den anderen Völkern und einzelnen Menschen mitsamt dem hierfür erforderlichen praktischen Verhalten.

2. Christentum

Unter „Christentum" wird hierbei sowohl die mit diesem Wort bezeichnete geschichtliche Erscheinung als auch das „Christsein" verstanden.

3. Christlicher Kulturkreis

Einzubeziehen in die Darstellung des Wesens des Christentums sind auch Bewegungen, die sich vom christlichen Glauben losgesagt haben, aber geistesgeschichtlich und von ihren Zielsetzungen her dem christlichen Kulturkreis zugehören, und Formen des Christentums, in denen dieses entstellt erscheint.

4. Christliche Religion

Die geschichtliche Erscheinung „Christentum" nehme ich bewußt als einen Fall der allgemeineren Erscheinung, die wir mit dem römischen Ausdruck „Religion" nennen. Eine Unvereinbarkeit theologischer und religionsgeschichtlicher Betrachtungsweise besteht nicht. Die Art, wie Gott im Christentum gesehen wird, ist eine andere als in anderen Religionen. Der Absolutheitsanspruch einer Religion, sie allein sei wahr, ist innerhalb der uns gegebenen Möglichkeiten zu prüfen. Und zu prüfen wäre, wenn man ihm zustimmen kann, ob und, wenn ja, wie er sich durchsetzen ließe.

5. Christliches Volk des Gottes Israels

Im Christentum wird der Gott Israels verehrt. Ohne das alte Gottesvolk (das dieses noch immer ist) gibt es das neue nicht, weder, was den geschichtlichen Ursprung betrifft, noch heute. Christentum ist religiös, geistig-seelisch und politisch-sozial Judentum. Alles Nichtjüdische in ihm ist Beiwerk, Interpretation, z.T. Verzerrung. Neu an ihm ist, daß in ihm die Grenze des Volkes Israel gesprengt ist. Und dieser Umstand droht das Wesentliche, um das es im Christentum wie im Judentum geht, zu verwischen oder zu verkehren.

Eine Sonderrolle – ebenfalls durchaus mit der Gefahr der Verfälschung – spielt im Selbstverständnis des Christentums das Griechentum, das durch die für unseren Kulturkreis bestimmend gewordene Geistesgeschichte zu „der" wissenschaftlichen und z.T. auch religiösen Denkform geworden ist. Es stellte überall und so auch für die Religion die Frage nach den tatsächlich waltenden Zusammenhängen: Was hat es mit Gott und der Welt auf sich? Was kann man vom Sachproblem her über sie sagen? Das alttestamentliche Israel war an einer solchen Fragestellung nicht interessiert, es sei denn, man läßt sein Hindrängen zum reinen Monotheismus im Gegensatz zu allem Götzendienst – besonders bei Deuterojesaja[7] – und damit auch sein Hindrängen zu einer verbindlichen Ethik als ein Drängen zu absoluter Wahrheit gelten. Nennt man die Tendenz zur sachlich-objektiven Aufklärung die griechische und die zur Wahrnehmung einer religiös und ethisch bestimmten Rolle in der politischen Geschichte die jüdische, so scheint diese von jener so ähnlich umschlossen wie die ptolemäische Weltsicht von der wirklichen Welt, deren Struktur die kopernikanische viel näher kam. Wie die ptolemäische Sicht dem Wissen zum Trotz, daß die Wirklichkeit anders ist, unsere erfahrungsmäßige Sicht bleibt, so auch die jüdische des Alten Testaments die unsere, sofern wir uns als Element religiös verstandener politischer Geschichte begreifen. Zur griechischen Erfassung dessen, was mit „Gott" gemeint ist, und ihrem, wie zu zeigen ist, letzten Endes negativem Ergebnis steuert die jüdische Erfahrung das Moment bei, daß sich Gott in einer Weise nicht so auf ein ihm eignendes „Wesen" festlegen lasse und sich doch selbst auf ein solches festgelegt habe, das nur in der Relation zum glaubensmäßigen Verhalten des Menschen zu ihm zu einer Realität wird.

---

7 Wahrscheinlich aus der Zeit 545-538 v. Chr., überliefert als Jesaja 40-55.

6. Glaube an Gott

Man kann angeben, was in Auswertung und Weiterführung des Verständnisses des Begriffes „*Gott*", wie er in den verschiedenen Religionen gebraucht wurde, heute in der christlichen und den anderen monotheistischen mit ihm gemeint wird: die personhaft gedachte letzte Wirklichkeit, in der alles, was es gibt, seinen letzten Grund und Sinn hat und die höher, größer und schlechthin anders ist als alles, was es in der Welt gibt und wir uns vorstellen können.

Der heutige jüdisch-christliche Gottesglaube ist theistisch. Pantheismus, der Gott und Natur (= Welt, alles Wirkliche) gleichsetzt, ist ihm fremd, enthält aber einen richtigen Hinweis: Beim Gottesglauben geht es nicht um das gekünstelte Hinzuerdenken einer jenseitigen Wirklichkeit zur diesseitigen, ohne deren Existenz in dieser ein Lebenssinn nicht möglich sei, sondern um die von jedem bei Lebensbejahung praktisch vorausgesetzte Sinnhaftigkeit des Seins, der Welt wie unseres eigenen. Diese steht auch im Mittelpunkt eines das Seinsproblem reflektierenden Atheismus, der aber glaubt, das Nichtwissen jedes Menschen in dieser Frage verbiete es, hier von einem „Sinn in einem Gott" zu sprechen. Der Kern des Gottesglaubens liegt vor, wo ein Mensch solcher Ungewißheit zum Trotz sich seinem Leben als etwas Sinnvollem unterzieht. Panentheismus, der die Gleichsetzung von Gott und Natur, aber auch die Unangemessenheit des theistischen Anthropomorphismus vermeidet, ist eine christliche Möglichkeit. Ganz richtig wäre aber allein die „negative Theologie", die sich aller positiven Ausführungen über Eigenschaften Gottes enthält. Die Tatsache, daß wir um das Nachdenken über die Gottesfrage und um den Umgang mit ihr im täglichen Leben – und zwar in den Denkformen, die uns zu Gebote stehen, – nicht herum kommen, und unsere Vorbehalte gegen den Anthropomorphismus gegen eine unter-, nicht gegen eine überpersönliche Auffassung von Gott gerichtet sind, macht uns frei zum unbefangenen, aber auch dogmatische Verkrampfung vermeidenden Bekenntnis zum persönlichen Gott. Möglicherweise lebt – auch nach strengsten philosophischen Kriterien – mehr in der Wahrheit, wer, von philosophischer Skepsis unberührt, schlicht an den persönlichen Gott glaubt.

Dieser als letzter Sinn bedeutet Absage an von Menschen gemachte Sinngebungen etwa in Form philosophischer, politischer, technischer, wirtschaftlicher oder religiöser Ideologien: Man stellt sich dem von der Wirklichkeit selbst Gebotenen, der Wahrheit. In der Ethik bedeutet dies, daß man sich aus freien Stücken dem beugt und das befolgt, was „von Natur" gut ist, im Gegensatz zu Unterwerfung unter Menschengebote. Jeder gestaltet sein Leben, unabhängig davon, ob er an die Existenz eines Gottes glaubt oder nicht, – psychologisch gesehen – nach einem Gottesbild (Leit-, Vater- oder Übervaterbild), das sich in ihm von klein auf unter dem Eindruck der Lebenserfahrungen entwickelt hat: Man verhält sich gefühlsmäßig so, als wenn man voraussetzte, daß Leben und Welt unter der Regie eines obersten Gestalters mit bestimmten Charaktereigenschaften stünden. Über den individuellen Gottesbildern erhebt sich das alle Menschen eines Kulturkreises prägende, für diesen charakteristische, das für den einzelnen weithin eine unerreichte Norm bleibt. In diesen Gottesbildern liegt die tatsächliche Glaubensdifferenz zwischen den Religionen ebenso wie zwischen Gottesglauben und Atheismus, auf die sich ihre Auseinandersetzung konzentrieren sollte.

Anzuzweifeln ist demnach jede Angabe eines Menschen über seinen Glauben oder sein Nichtglauben an die Existenz eines Gottes. Der Sinn und der eigentliche Kern des Gottesglaubens kann vorliegen, wenn einer vorgibt, Atheist zu sein, und umgekehrt. Und die wirkliche Glaubensentscheidung fällt nicht zwischen dem theoretischen Ja oder Nein in der Frage, ob Gott existiert, sondern (ausgedrückt in der uns allein zur Verfügung stehenden Weise der positiven Theologie) in der einzigen echten Glaubensfrage der Religion: im praktischen Annehmen des Gottes, der es – ungeachtet des später zu behandelnden Theodizee-Problems – gut mit uns meint, oder in der praktisch gelebten Annahme, daß Gott gegenteilig einzuschätzen sei. In ihr ist – jedenfalls im jeweiligen Moment – Unentschiedenheit nicht durchführbar. Gott läßt sich nicht allgemein begrifflich auf seine Güte oder auf das Gegenteil festlegen. Jeder Mensch legt ihn in der einen oder in der entgegengesetzten Weise fest, kann die Richtigkeit seiner Betrachtungsweise nicht beweisen und erhält praktische Beweise für sie. Das praktische Ergebnis mag sich dann für einen die Dinge bis in die Tiefe erfassenden Beobachter als eindeutige Bezeugung der Wahrheit allein der Güte Gottes – trotz aller Mißdeutbarkeit – erweisen. Urbildlich stehen in der Sündenfallgeschichte[8] die Deutung der göttlichen Inkonsequenz entweder als Gnade oder aber als Lüge und Bluff gegeneinander. In der Kaingeschichte[9] kann Gott als der an Abels Ermordung Schuldige gesehen werden, der dann Blutrache oder Todesstrafe sanktioniert, aber auch als der grundlos Gunst Verschenkende, der den Menschen vor Tötung – und sei es aus Vergeltung – unbedingt bewahren will. „Glauben" an Gott hat jeweils nur der eine: derjenige, der mit Gott eins, mit ihm „verlobt", ihm „angelobt" ist. Solch Glaube ist das Gegenteil von Sünde, der durch den Menschen selbst vollzogenen Isolierung von Gott, in der nach christlicher Überzeugung „die" Sünden ihren Ursprung haben.

---

8 1. Mose 2, 25-27; 3 (einem Abschnitt der „jahwistischen" Quellenschrift der 5 Bücher Mose, die man der Zeit Salomos, um 950 v. Chr., zugerechnet hat).
9 1. Mose 4, ebenfalls „jahwistisch".

Daß sowohl die theistische als auch die panentheistische Gottesauffassung ohne Widerspruch zu naturwissenschaftlicher Weltbetrachtung gedacht werden kann, erweist das von Günther Jacoby entfaltete Dichtungsgleichnis.[10]

7. Persönlicher, allmächtiger Gott: eine Religion des Als ob

Der Dichter einer Romanwelt hat Allmacht über sie im Gegensatz zu immer nur relativer Macht, die innerweltlich Menschen oder andere Faktoren übereinander ausüben, jedenfalls in existentieller Hinsicht: was ihr Sein betrifft. Denn von seinem dichtenden, ausdenkenden Schaffen hängt ab, was in jener Welt vorkommt. Nach diesem Muster ist, hat Jacoby gezeigt, im Christentum – wie übrigens auch im Judentum und Islam – die Allmacht Gottes über die Welt gedacht. Aber, so etwa hat man gefragt, kann er wirklich auch seiner Beschaffenheit nach Beliebiges schaffen, z.B. einen Stein, den er nicht heben und werfen kann? Und überhaupt hat man „Allmacht" als „Allbegriff" für logisch nicht vollziehbar erklärt.

Doch diese Einwände gehen an dem, was im Gottesglauben gemeint ist, vorbei. Man kann im Sinn Hans Vaihingers[11] von einer „Religion des Als ob" sprechen. Nach ihm sind schon die alltägliche und die naturwissenschaftliche Auffassung der Welt nicht deren Abbildung so, wie sie ist, sondern zwei – voneinander abweichende, für unterschiedliche Zwecke zugeschnittene – Fiktionen, die es uns ermöglichen, mit ihr praktisch und forschend umzugehen. Nicht damit vereinbar sei die moralische, daß wir uns in einer naturwissenschaftlich als durchgehend kausal bestimmt angesehenen Welt als frei und verantwortungsfähig betrachten. Und wiederum von allen dreien weiche die religiöse Fiktion ab, die – so eine der da gegebenen Möglichkeiten – die Welt samt uns als von einem liebenden Vater geschaffen und umhegt versteht.

Jacobys Ontologie gibt diesem Gedanken mit einer Einschränkung recht: Von der wirklichen Welt unterscheide sich in der Tat das Bild, das wir uns in unserer auf den Sinneswahrnehmungen beruhenden Erfahrung von ihr machen. Insgesamt nehmen wir sie von unserem Standort aus ptolemäisch wahr, auch wenn das ptolemäische Weltbild wissenschaftlich außer Kurs gesetzt ist. Aber es gebe doch die Wirklichkeit der Welt – nach heutiger Kenntnis statt kopernikanisch oder brunonisch vielleicht einsteinisch –, und sie sei aus dem Erfahrungsbild erschließbar. Auch das Problem des Seins, die Frage, woher es komme, daß überhaupt etwas existiert, läßt sich an der Hand des Dichtungsgleichnisses sachgemäß stellen. Aber positive Gedanken über einen Gott und sein schöpferisches

---

10 G. Jacoby a.a.O. (Anm. 1)
11 H. Vaihinger: Die Philosophie des Als Ob, Berlin 1911

Tun sind auch für Jacoby Fiktionen, mit denen wir das für uns Unfaßbare in die Begrifflichkeit einpassen, mittels deren wir uns in der Welt orientieren. Wie schon in unserer alltäglichen Erfahrung, in der wir Wahrgenommenes so, wie wir es wahrnehmen, als die wirklichen Dinge erleben, so können wir auch in der Frage der Herkunft der Welt nicht anders, als das jenseits aller Erfahrung Liegende so zu erleben und zu beschreiben, als hätten wir es bei ihm mit etwas Innerweltlichem zu tun. Leben im Als ob ist keine raffiniert ersonnene Künstelei, sondern bewußtes Verbleiben in unserer Erfahrung, wie sie ist. Für uns *sind*, ob in der Religion oder im innerweltlichen Alltag, die Dinge so, aller wissenschaftlichen Erkenntnis, daß es sich anders verhalte, zum Trotz. Für unsere praktische Lebenssituation ist eher die Theorie von dieser Erkenntnis künstlich und lebensfern. Wir können sie nicht wirklich vollziehen.

8. Monotheismus

Monotheismus als reinste Form des Glaubens an göttliche Wesen entvölkert die Welt von diesen. So entschieden Gottesglaube Gegensatz zum Atheismus ist, so verwandt sind beide. Ohne die zweifelnden Fragen, die zum Atheismus führen können, versteht man nicht den Gottesglauben, der sie beantworten will. Die mythischen Vorstellungen erscheinen im Monotheismus auf eine letzte Bastion zurückgedrängt. Er provoziert die Frage, wieso sie da der Kritik weniger ausgesetzt sein sollen, ja, dazu, dem religiösen Denken auch noch den letzten Stoß zu versetzen. In der Tat ist Judentum und, wenn dessen Abart, auch Christentum eine bis in die letzte Tiefe nüchterne Lebenseinstellung ohne Glauben, sofern man unter diesem das dem Menschen abgenötigte Ja zu einer spekulativen Theorie über Ursprung und Sinn des Seienden versteht, dessen es zusätzlich zur Orientierung im wirklichen Leben angeblich bedarf. Judentum und Christentum sind Leben, das dessen tiefster Wahrheit und Problematik gerecht wird, nicht aber ein künstlicher Aufschwung zu einem „Glauben", den man vielleicht zu haben glaubt, aber in Wahrheit nicht hat. Doch steckt die in aller Religion immer verborgen gewesene, die ontische Grundproblematik und -orientierung des Menschen, die Frage nach dem Woher und Wozu des Seins, auch in ihnen und ist sie da von allem Beiwerk befreit, völlig ungeschminkt.

Unser Monotheismus ist schon vom geschichtlichen (zarathustrischen) Ursprung her dualistisch, es sei denn Gott wäre auch der Schöpfer des Chaos, nicht nur derjenige, der das Chaos zum Kosmos ordnet. Er ist dann nicht im strengen Sinn allmächtig, wohl aber die sieghafte gute Macht im Kampf gegen das Böse, das jedoch, solange die Menschheitsgeschichte währt, nie endgültig am Boden liegt. Zu allen Zeiten hat die Menschen das Problem des Ursprungs des Bösen beschäftigt. Creatio ex nihilo erfordert auch für es Ursprung in Gott. Ein solcher auch den Dualismus noch überwindender Monotheismus würde auch bedeuten, daß sich der Mensch mit seinem gesamten Wesen akzeptiert: daß er das Los auf sich nehmen und ihm standhalten muß, aus „Gutem" und „Bösem" gemischt zu sein, mit der Aufgabe, in sich nicht nur moralistische ratio, sondern eine mehr umfassende „Geist"-Natur zu entfalten. Babylonische Mythen[12], die Schöpfung als der Urflut der widerstrebenden anderen göttlichen Mächte abgerungenen Teilsieg über diese schildern, stellen die Situation klarer und offener dar als die gereinigte Theologie der biblischen Priesterschrift. [13]

9. Kirche

Christentum gibt es nur als *Kirche* (= das „dem Herrn gehörende Volk"). Christsein ohne Kirche ist vom Wesen der geschichtlichen Erscheinung her, um die es sich bei ihm handelt, nicht möglich, auch wenn die Tatsache nicht ignoriert werden kann, daß de facto sehr viele Menschen in unserem Kulturkreis einen persönlichen, christlich gestimmten Gottesglauben ohne Kirche leben. In der Erscheinungsform als Kirche wirkt sich die Sehnsucht nach dem *Reich Gottes* aus, welches das Zentralthema der Predigt Jesu war, und zeigt sich, welche Machtentfaltung Gottes als Abglanz seiner für das Ende der Tage erwarteten vollständigen Machtergreifung heute schon auf Erden möglich ist. Die Kirche ist die diesem Ziel durch Predigt, Sakrament und Seelsorge dienende menschliche Institution. Sie hat von sich weg-, auf Gott hinzuweisen. Wenn sie existiert und wirken kann, so, indem ihr durch den – nach christlicher Auffassung pflichtmäßigen – Verzicht weltlich Mächtiger auf totalen Machtgebrauch wider Erwarten ein Spielraum zugestanden wurde. Das Mißverständnis, daß die in der Kirche Mächtigen zu bestimmen hätten, was der Wille Gottes sei, liegt stets nahe.

Kirche ist nicht beschränkt auf ihre nominellen Mitglieder. Dazu hat sie sich in ihrer geschichtlichen Gestalt zu sehr in Mißkredit gebracht, wurde ein Teil ihrer Ziele viel zu sehr von anderen Instanzen besser verwirklicht und sind die Menschen unseres Kulturkreises zu wenig informiert über die Verantwortung, die man durch die Mitglied- und Nichtmitgliedschaft auf sich nimmt. Auch fühlen sich von dieser Frage viel zu wenige wirklich betroffen. Kirche ist Kirche für die Welt und in diesem Sinn „Volkskirche", bestehend aus solchen, die sich zu ihr bekennen,

---

12 Sieben-Tafel- und Gilgamesch-Epos
13 Quellenschrift der 5 Bücher Mose aus der Zeit wohl um 470 v. Chr. in Babylon, der man z.B. die Schöpfungsgeschichte 1. Mose 1, 1.-2, 4a, eine Fassung der Sintflutgeschichte in 1. Mose 7-9, einen der Berichte über die Erscheinung des Gottes Israels vor Mose in 2. Mose 6 und das 3. Buch Mose zuschreibt.

aber auch aus solchen, die ihr gleichgültig und ablehnend gegenüberstehen. Sie betrachtet alle Menschen zumindest unseres Kulturkreises als zum Gottesgehorsam verpflichtete Adressaten ihrer mahnenden Predigt und ihres Gemeinschaft stiftenden Engagements und sollte sich stets bewußt sein, daß man zwischen ihr und ihren Verlautbarungen auf der einen und Gott selbst und seinen Geboten auf der anderen Seite unterscheiden muß. Sie wird bestenfalls immer eine suchende Kirche bleiben. Daß in großem Stil aus Zugehörigkeit zu einer so weit verstandenen Volkskirche auch nominelle Zugehörigkeit zu einer der konkreten Kirchen wird, ist für deren Arbeit erforderlich. Denn die ist auf einen deutlichen geistigen, aber durchaus auch auf einen finanziellen Rückhalt angewiesen. Verharren in der Distanz verrät Vorbehalte dagegen, sich selbst für die guten Ziele, die auch die der Kirche sind, wirklich einzusetzen.

10. Vielfalt der Kirchen

Keine von den Kirchen, die es gibt, ist „die" Kirche, jede nur ein mehr oder weniger gelungener Versuch, sie zu verwirklichen. Ein Übertritt einzelner in eine „bessere" Kirche brächte nicht viel und entspräche nicht ihrer Verwurzelung in je ihrer besonderen kirchlichen Tradition. Die Eröffnung einer neuen würde die Zerrissenheit nur vermehren. Jeder muß versuchen, diejenige, zu der er gehört, zum Bild der wahren Kirche hinzuentwickeln. Die schon jetzt praktizierte Gemeinsamkeit vieler Kirchen über alles Trennende hinweg ist zu begrüßen und zu pflegen, sofern sie nicht eine Gemeinsamkeit der Trägheit, ein Einverständnis in der Untreue gegenüber der Bestimmung der Kirche ist oder die Sache Gottes durch kirchliches Machtgebaren erstickt.

11. Sinnesänderung Gottes in der Geschichte

Grundlegend für Christentum und Kirche ist ein *geschichtliches* Faktum, das theologisch als Änderung der ursprünglichen Absicht Gottes gedeutet wird, allein das bluts- und bodenmäßig zusammengehörende Israel zu seinem Volk zu machen. Eine Richtungsänderung im irdischen Geschehen wird als eine wirkliche Änderung des Willens Gottes verstanden. Zwar glauben die Christen, daß Gott die gesamte Geschichte aller Völker lenkt und dabei schon immer seinen Heilsplan im Auge hatte, sich aus ihnen allen ein großes Volk zu sammeln. Aber sie nehmen nicht an, Gott habe eigentlich dies schon viel früher in die Tat umsetzen wollen und können. Gott vermag nach christlicher Auffassung nicht durch ein großes Wunder auf einmal alle Menschen zur Vernunft zu bringen. Er muß vielmehr – so scheint es jedenfalls für unsere innerweltliche Sicht – schrittweise vorgehen, erst die Menschen eines Volkes und dann auch andere mit behutsamen Erziehungsmethoden, die weithin erfolglos bleiben, werbend zu gewinnen suchen.

12. Offenbarung

„Offenbarung" heißt „durch erlebte (persönliche und Völker-) Geschichte vermittelte, von Gott geschenkte Einsicht". Daß es zu solchen Einsichten kommt, ist ein Wunder, ohne daß dafür Durchbrechungen der Naturgesetze nötig wären. Eher handelt es sich um Durchbrechungen des Unverstandes und der Trägheit der Menschen, denen die Anerkennung allzu unbequemer Paradoxien (z.b. der Wahrheit von der Ohnmacht Gottes in der Welt) zugemutet wird.

13. Gott in Jesus

„Offenbarung in Jesus von Nazareth" bedeutet, daß Jesu in den Evangelien vorliegende stilisierte Lebensgeschichte als der Mythos (die „heilige Geschichte") über Gott verstanden wird, der besagt, daß er unter den Menschen erscheint, gerade von seinen frömmsten Verehrern verfolgt und getötet wird, aber doch der Sieger bleibt. Man hätte demnach die Geschichte Jesu „auf Gott hin" zu lesen, als handle sie von ihm, nicht von einem historischen Menschen. So, sagt uns diese Geschichte, erginge es Gott zu allen Zeiten, wenn er als Mensch unter den Menschen erschiene. Dies wäre das für das Christentum maßgebende Gottesbild.

Die Deutung der Geschichte Jesu auf Gott hin wäre dann die geheime Absicht, die hinter den theologischen Übermalungen seines tatsächlichen Lebensweges im neutestamentlichen Schrifttum steckt. Durch diese dürfen wir uns den Blick für das, was Gott in Jesus wirklich getan hat, nur weiten, nicht verengen lassen. Die rationalistische dogmatische Auffassung, daß es sich bei Jesus um eine wirkliche Menschwerdung Gottes im Sinn des Überwechselns einer besonderen „göttlichen Natur" in einen Menschen gehandelt habe, und die Verpflichtung auf eine Formel, mit der man bestätigt, hieran zu glauben, verfehlen die gemeinte Wahrheit. Am besten wäre sie getroffen worden, wenn als Basis der genannten theologischen Deutung historisch getreu Wesen und Weg des geschichtlichen Jesus mit seinen Fehlern, Schwächen und Irrtümern ohne Beschönigung dargestellt worden wären. Keinesfalls darf durch die Rede von Jesu „Gottheit" sein Leidensweg verharmlost werden.

Das Bild von dem Gott, der sich solches antun läßt – nicht als passiver Märtyrer, sondern als manchmal zornig *pro*-testierender μάρτυς[14] – ist zur „Zeitenwende" in Jesus von Nazareth – durch die Deutung seiner Gestalt und seines Loses seitens der jungen christlichen Gemeinde – neu in die Weltgeschichte eingetreten. Das ist der eigentliche Sinn der die Pointe des christlichen Grundmythos mordenden Lehre von Jesu Göttlichkeit. Und es ist das Gotteslästerliche am Christentum für Juden, Heiden und Christen,[15] sofern sie nicht zulassen wollen, daß man den νόμος[16] ihrer Glaubensüberzeugungen und frommen Bräuche kränkt.

Die „Apotheose" Jesu, bis heute grundlegend für das christliche Selbstverständnis (vgl. die „Basis" der Verfassung des Ökumenischen Rats der Kirchen![17]), offenbar nach seinem Tod vollzogen, dann in sein Leben, seine Geburt und schließlich in die Präexistenz zu Beginn der Welt zurückdatiert,[18] war für das antike Denken nicht so problematisch wie für unseres. Der Vergleich mit Umständen und Inhalt der Apotheose Cäsars während seines Lebens und nach seinem Tod kann hilfreich für das Verständnis sein. In beiden Fällen ging es um einen im Ringen um die Macht der Wahrheit einsam gewordenen, unverstandenen, durch das Nichtbegreifen der anderen zu Tode gebrachten ganz Großen der Geschichte. Nur ein Abglanz der Größe Cäsars ist sein „Sohn", Augustus, der sich von der Prädikation (in Hofkanzlei und Dichtung) her noch mehr zum Vergleich anbieten würde.[19] Die Nüchternheit eines Cäsar, der die überkommene Religion

---

14 μάρτυς = Zeuge, u. *pro*-testari heißt nicht „gegen", sondern „*für* etwas Zeugnis ablegen".
15 1. Kor. 1, 23: „Wir predigen den gekreuzigten Christus, den Juden ein Ärgernis (σκάνδαλον) den Heiden bzw. den Griechen eine Torheit (μωρίαν)." Ich wende den Gedanken bewußt etwas anders, als Paulus ihn meinte.
16 νόμος = Gesetz, Inbegriff der Weisungen, dem Brauch entsprechendes Denken
17 „Der Ökumenische Rat der Kirchen ist eine Gemeinschaft von Kirchen, die den Herrn Jesus Christus gemäß der Heiligen Schrift als Gott und Heiland bekennen und darum gemeinsam zu erfüllen trachten, wozu sie berufen sind, zur Ehre Gottes, des Vaters, des Sohnes und des Heiligen Geistes."
18 So der Weg von dem mit dem erwachsenen Jesus einsetzenden Markus- über die Geschichten von seiner Kindheit bietenden Matthäus- und Lukas- zum Johannesevangelium
19 Selbstbezeichnung Oktavians als „Divi filius" nach der Vergöttlichung Cäsars (seines Großonkels und Adoptivvaters, 42 v. Chr.), Genehmigung seiner eigenen göttlichen Verehrung zusammen mit der der Göttin Roma in den Provinzen (28 v. Chr.), Erhebung in den Status der Heiligkeit durch Titel des Augustus (griech. σεβαστός, verehrungswürdig; 27. v. Chr.), Begängnis der Säkularfeier: des Anbruchs des Säkulums des Friedens mit Augustus als dessen Heiland (17 v. Chr.), Horaz: Ode I, 2: Oktavian als Mensch gewordener Merkur; Vergil: 1. Ekloge: Oktavian als schon herrschender Apoll;

verachtete und für seine Interessen handhabe und mit vollem Ernst religiös nur im Vertrauen auf seine Fortuna und im Ringen mit ihr war, um ihr seine politischen Erfolge abzutrotzen,[20] hat Verwandtschaft mit dem nüchtern politisch um seine Macht kämpfenden alten und heutigen Israel. Sich Jesus von Nazareth mit seiner Ablehnung der Messiasrolle[21] bei gleichzeitiger Aufnahme des Kampfes mit der in seinem Land damals als vorherrschend erlebten Frömmigkeitsform ähnlich nüchtern zu denken, tut dem Verständnis dessen, was er gewollt und was man mit seiner nachmaligen göttlichen Verehrung auf den Punkt zu bringen versucht hat, nur gut. Neben dem Gemeinsamen wird so auch der Unterschied des Einsatzes beider in der Machtfrage und die Dimension, in der sie von beiden gesehen wurde, erst richtig deutlich.

Eine solche Apotheose Jesu konnte nur in einem Seitenzweig des hellenistischen Judentums vollzogen werden, und man versteht, daß sich das Judentum von Hellenisierungstendenzen bald darauf scharf distanzierte. Sie ist nach dem Zeugnis des von Paulus übernommenen Christusliedes Phil 2,6-11 älter als die paulinische Theologie. Das Lied greift offenbar außer der Vision vom leidenden Gottesknecht Deuterojesajas[22] sowohl den Gedanken von der gnostischen Erlöserfigur, die aus dem Reich des Geistes in die Welt des Materiellen herabsteigt, um das Geistige der Menschen zu erlösen, auf als auch den von dem Gott der Mysterienreligion, der in die Tiefe des Leidens- und Todesschicksals hinabsteigt, um Auferstehung und Erhöhung zu erleben. Das ist, so sehr es uns ergreift, wenn wir es mit dem konkreten Schicksal Jesu gefüllt denken, an sich noch so formelhaft wie wieder in der Endfassung der synoptischen Evangelien das Bekenntnis zu dem Jesus, der sich vor dem Hohenrat – gotteslästerlich für jüdische Ohren – als das göttliche Wesen zu erkennen gegeben hätte, das inzwischen zur Zentralgestalt nunmehr des Christentums im Gegensatz zum Judentum geworden war.[23] Erst Paulus hat, soweit wir sehen, diese Formel – vor ihrem er-

---

4. Ekloge: Geburt des göttlichen Kindes, das das ewige Friedensreich heraufführt; Kult der Pax Augusta.
20 Vgl.: Matthias Gelzer: Cäsar, der Politiker und Staatsmann, 1921, [6] Wiesbaden 1960
21 Nach der Geschichte von der dritten bzw. zweiten Versuchung Jesu (Matthäus 4, 8-10 / Lukas 4, 5-8 sowie der vermuteten Urfassung der Geschichte vom Petrusbekenntnis Markus 8, 27-33, wonach sich an dieses (8, 29: Jesus sei der Christus = Messias) die Zurückweisung des Petrus (8, 33b) direkt angeschlossen hätte: Ferdinand Hahn: Christologische Hoheitstitel, Göttingen 1962, [2]1964, 227 ff
22 Vor allem Jesaja 52, 13 - 53, 12
23 Zur Auffassung, Markus 14, 61-62 (mit dem Ja Jesu vor dem Hohenrat auf die Frage, ob er „der Christus, der Sohn des Hochgelobten" sei, wobei vorausgesetzt gewesen wäre, daß es sich beim Messias, wenn er auch „Sohn Gottes" genannt wird, um ein göttliches Wesen im Sinn des griechischen Götterglaubens handeln müsse) sei unhistorisch und stamme aus der Zeit nach Jesu Auftreten, in der die Christen in dem Be-

neuten Verblassen bei den Synoptikern – wirklich mit dem realen Leben in Zusammenhang gebracht, obwohl sie selber auch bei ihm Formel blieb. Ohnehin zur Sache eines nur schon traditionell gewordenen bloßen Beinamens verblaßt war ihm Jesu Christus-Titel. Allein Jesu Gottheit war ihm zentral. Aber er hat sich darauf konzentriert, zu erkennen und zu verkündigen, was später auf die Formel gebracht werden konnte, Gott selbst sei in Jesus den Weg des Leidens gegangen; Gott und der angeblich von Gott herrührende jüdische νόμος seien hier zusammengeprallt; Jesus sei durch Anwendung dieses νόμος als Gehenkter am Kreuz „zum Fluch" geworden (Gal 3,13) und man müsse sich nun für den einen oder den anderen entscheiden. Die Irrealis-Formel, es werde an Jesus deutlich, wie es Gott selber erginge, wenn er als Mensch unter den Menschen erschiene, bot sich Paulus nicht an. So haben sich die Christen bis heute mit dem Erbe auseinanderzusetzen, daß der Kern dessen, um was es im Schicksal Jesu ging und im Christentum zu allen Zeiten geht, damals eingefangen wurde in die Formel von seiner Gottheit, aus der es in der Tat bis heute erschlossen werden kann.

Ich verstehe die Rede von dem Gott, der das Leiden auf sich nimmt, als den für das Christentum grundlegenden Mythos. Ein solcher ist nicht bloße Erdichtung, sondern – jedenfalls in der klassischen Ausformung im alten Griechenland – ganzheitliche, bildhafte Erfassung des für uns Menschen Wesentlichen des Lebens. Diese, nicht aber die abstrakte rationale Denkform der Wissenschaft ist, wie besonders Karl Jaspers[24] dargelegt hat, das Element, in dem sich unsere menschliche Auseinandersetzung mit dem Leben und allem, was uns in ihm begegnet, alltäglich bei wachem Bewußtsein ebenso wie in unseren Träumen abspielt. Sie ist voller und substantieller als wissenschaftliche Abstraktionen, und sie verhält sich zu diesen wie das Sein und die Wirkung eines Kunstwerks zu den abstrakten Versuchen, dessen äußerlich angebbare Besonderheiten zu erläutern. „Gott in Jesus" ist nicht „nur", sondern „sogar" ein Mythos: Geschichte mit theologischer Bedeutung und von lebenumgestaltender Kraft.

14. Gnade und Glaube

Glaube an Gott erfordert nichts weiter als vertrauende Hingabe, die Bereitschaft, sich durch seine Gnade beschenken zu lassen. Gewinnung seiner Gunst durch eigenes Verdienst, lehrt Paulus, sei ausgeschlossen.[25] Nicht Werke der Geset-

---

kenntnis zu ihm als dem Christus den wesentlichen Gegensatz zum (Jesu Messianität leugnenden) Judentum ausgedrückt fanden: Ferdinand Hahn: a.a.O., 177 ff.
24 a.a.O. (Anm. 2), 9 ff.
25 Römer 3, 21-24

zeserfüllung, nicht Sichverlassen auf die eigenen geschöpflichen Möglichkeiten, das „Fleisch", sondern Sicherfüllenlassen vom Gotteshauch, in diesem Sinn „Geist", ist der Heilsweg, wie er in Aufnahme und Umdeutung zeitgenössischer gnostischer Lehre sagen kann.[26] So habe Gott schon in Abraham sein Volk nach seinem Wohlgefallen erwählt und habe Abraham dabei nichts anderes tun müssen, als Gott zu „glauben",[27] ohne eine Glaubens-, eine Vertrauens-"Leistung". Zum Gottesvolk der Juden gehört man nicht durch eine solche, sondern durch Geburt und Beschneidung. Und auch Christen sind wir aufgrund des vorgegebenen Faktums, daß es das Gottesvolk der Kirche gibt, in das wir hineingeboren bzw. als Kinder oder später hineingetauft wurden, nicht wegen unserer Vorzüge. Kirche ist nicht ein Zusammenschluß von Idealisten, die die Welt verbessern wollen, sondern ein vielerlei Menschen umfassendes, niemanden ausschließendes Volk, in dem es ständig des Aufrufs zum Gottesgehorsam bedarf und ihm keineswegs immer alle folgen können oder wollen. Werden die Angehörigen der Kirche statt durch Bande des Blutes durch den Glauben zusammengehalten, so durch das Schicksal, der Christ sagt: durch die göttliche Fügung, daß sie Glieder der christlichen Kultur und somit auf das für diese prägende Denken und Verhalten festgelegt sind als ein internationales Volk, in das man hineingeboren wird: ein Konzept, das als unsere Realität auch heute noch gelten zu lassen Schwierigkeiten bereitet.

15. Gerechtfertigter Sünder

Nach der Ausdrucksweise des Paulus bewirkt die Offenbarung Gottes in Jesu Opfertod die *Rechtfertigung* des einzelnen sündigen Menschen, seine Befreiung von der Sünde. Im christlichen Glauben ist nach Rö 7,24 aus dem gnostisch verstandenen Schrei des Geistwesens des Menschen nach Erlösung aus dem Leibe etwas ganz anderes geworden, nämlich der Schrei des geistleiblichen Diesseitsmenschen nach Erlösung durch den jenseitigen Gott zum diesseitigen Glaubensleben eines Auserwählten, den niemand von der Liebe Gottes (und Christi) scheiden kann. Denn von dem werde er – ohne eigenes Verdienst – gerecht ge-

---

26 Gal 3,3: „Fleisch" = σάρξ; „Geist" = πνεῦμα. Nach der eigentlichen Gnosis ist das Geistige als solches göttliches Heil, das Fleischliche dem entgegengesetzte Unheils-Finsternis. So ist, will Paulus sagen, christlich betrachtet, in Wahrheit Leben (des geistig-körperlichen Menschen insgesamt) aus Glauben Heil, Leben aus dem Gesetz hingegen Unheil. Und er nennt nun im übertragenen Sinn jenes geistlich, dieses fleischlich. Leibfeindlichkeit des Paulus ist hier aus seiner Begrifflichkeit nur abzulesen, wenn man diese mißdeutet.
27 Galater 3, 6-7

sprochen (Rö 8,33-35). Allein auf dieser Basis kann man, lehrt Paulus, loskommen von seinem bösen Lebenswandel. Sünde heißt Abgetrenntsein von Gott, Nichterkennen des Lebenssinns. Der Sünder, der „wie Gott sein will",[28] gibt sich die Blöße,[29] daß er der angemaßten Rolle keineswegs gerecht werden kann, indem er die Verantwortung für das Schlechte, das in der Welt geschieht und z.t. er selber tut, Gott zuschiebt. Sich auf diesen Standpunkt rechthaberisch versteifend, kann er das Gute nicht tun. Der von der Sünde Befreite dagegen vermag Gott zu vertrauen, sucht alles, was geschieht, als – wenn auch noch so gebrochenen – Ausdruck seiner Liebe zu verstehen und wird zum Tun des Guten frei.

Die gestörte Beziehung zu Gott ist dann durch das Einssein mit ihm ersetzt. Ist Sünde im Sinn des Johannesevangeliums in Wahrheit „Tod" schon hier auf Erden, so das Einssein mit Gott, der Glaube, ebenfalls schon hier „ewiges Leben".[30] Genesung zu solchem Leben bewirkt die „Medizin" des Glaubens als solche, ohne daß man etwa mit ihr auch noch den „Arzt" in sich aufnehmen müßte, der dieser Therapie unter persönlichem Einsatz einst die Bahn brach.[31] Damit, daß die christliche Lehre und der christliche Gottesdienst gleichwohl aus antiken Mysterienreligionen den Mythos vom sterbenden und auferstehenden Gott und das Mysterium des Essens dieses Gottes aufgegriffen haben, hat es eine andere Bewandtnis, die erkennbar wird, wenn man den Gedanken der Interpretation des Loses Jesu „auf Gott hin" mit der Lehre vom „stellvertretend Leidenden" verknüpft.

Mit der Rechtfertigungslehre kommt eine die schwarz-weiß-malende „alte Ethik" (Erich Neumann[32]) auf den Kopf stellende „neue" in Sicht. Seinwollen wie Gott, wie es die Sündenfallgeschichte darstellt, ist zwar die Wurzel aller tatsächlichen Bosheit, von der – Judentum und Christentum stellen dies realistisch in Rechnung – kein Mensch frei ist. Dieses Böse bleibt im Sinn eines wirklichen „simul peccator et iustus"[33] auch im von Sünde Befreiten lebendig. Aber das Gottgleichseinwollen in 1. Mose 3 ist auch Charakteristik der Problematik des Menschen im Gegensatz zum Tier, aus der man ihm keinen moralischen Vorwurf machen kann. Wenn man die Geschichte so versteht, will gerade derjenige in

---

28 1. Mose 3, 23
29 1, Mose 3, 7
30 Johannes 3, 18. 36; 5, 24; 6, 40. 47; 11, 25; 12, 47-48; vgl. Offenbarung Joh. 3, 1.
31 Dies zunächst im Widerspruch zu Johannes 6, 53-56 sowie zur Einsetzung des Abendmahls in Markus 14, 22-24 u. Parallelen sowie 1. Korinther 11, 23-26.
32 E. Neumann: Tiefenpsychologie und neue Ethik, Zürich 1949; 1985 auch als Fischer-Taschenbuch.
33 „zugleich Sünder und gerecht", bei M. Luther, z.B. Römerbriefvorlesung 1515/16, zu Römer 7, 25.

vermessener Weise „wie Gott sein", der sich dem allgemeinen Menschenschicksal, schuldig werden zu müssen, zu entziehen sucht. Nur bei Annahme dieses Schicksals (auch unseres „Schattens") werden wir fähig, soweit es möglich ist, Gutes zu tun. Solche „neue Ethik" meidet die unwahre Rationalität des „reinen Monotheismus" und sucht dessen Dualismus durch ein tieferes Verständnis zu überwinden, für das die einander z.T. widerstrebenden göttlichen Kräfte, Spannungen, die wir wie in der Welt so in uns selber auszuhalten haben, in einem geheimen göttlichen Urgrund jenseits des Gut-Böse-Gegensatzes doch eine Einheit bilden.

Die Freiheit der „neuen Ethik" ist nicht schon mit der Zugehörigkeit zum Gottesvolk gegeben. Aber darin, daß es in ihm Menschen gibt, die als gerechtfertigte Sünder Mitarbeiter Gottes sind, besteht die eine Seite der „Prägung" der Christen durch den Mythos vom unter den Menschen erscheinenden Gott.

Im Bestehen auf seiner Rechtfertigungslehre scheint mir Paulus in zwei Hinsichten nicht ganz konsequent, in denen wir eine Korrektur wagen sollten: Dem hochgemuten „Ist Gott für uns, wer kann wider uns sein?" (Rö 8,31) stehen seine Ungeduld mit dem tatsächlichen Sünder in 1. Kor 5,1-5 und das „Schuldgefühl-Christentum" gegenüber, als dessen Befürwortung man. Rö 7,7-25 lesen kann.

Aus Sorge um den Ruf der Gemeinde zeigt Paulus an der ersteren Stelle nicht den langen Atem der Seelsorge, welche die Annahme des Schattens durch den „Sünder" betreibt, mag sie sich in einer moralischen Besserung auswirken oder nicht. Er faßt stattdessen für denjenigen, der die Früchte des Glaubens in Form guter Werke nicht zeitigt, die Übergabe an den Satan ins Auge (1. Kor 5,5). Die geistliche Rolle des Seelsorgers ist hier nicht klar von der weltlicher Gerichte unterschieden.

Und indem Paulus unsere Befangenheit im νόμος im Römerbrief als eine bleibende, sich immer wieder erneuernde Befangenheit im (umgedeuteten oder doch auch genuin gnostisch als „Triebhaftes" gemeinten?) Fleischlichen kennzeichnet, aus der offenbar nur von Mal zu Mal („von Abendmahl zu Abendmahl"[34]) der gnädig rettende Jesus Christus uns im Sinn dessen, was wir geistig (νοΐ[35]) ersehnen, emporreißen kann, nimmt er die Übernahme der Verantwortung für unsere Schlechtigkeit durch Gott selbst, die das eigentliche Fundament seiner

---

34 (bei dem jeweils die Vergebung aller bereuten Sünden zugesprochen wird)
35 νο-ΐ = „mit dem Geist / Gemüt". Römer 7, 19. 22-23. 25b: „Denn das Gute, das ich will, das tue ich nicht; sondern das Böse, das ich nicht will, das tue ich. ....Denn ich habe Lust an Gottes Gesetz nach dem inwendigen Menschen (κατὰ τὸν ἔσω ἄνθρωπον); ich sehe aber ein ander Gesetz in meinen Gliedern, das da widerstreitet dem Gesetz in meinem Gemüte (τῷ νόμῳ τοῦ νοός μου) und nimmt mich gefangen in der Sünde Gesetz, welches ist in meinen Gliedern. ..... So diene ich nun mit dem Gemüte (τῷ μὲν νοΐ) dem Gesetze Gottes, aber mit dem Fleische (τῇ δὲ σαρκί) dem Gesetz der Sünde."

Rechtfertigungslehre war, hier schließlich doch nicht ganz ernst. Er macht aus der Orientierung auf die Vertikale, in der wir nicht daran schuld sind, mit Entscheidungsfreiheit begabte Wesen zu sein, etwas Psychologisches im Bereich der Horizontale, wo wir an unserem Tun und Lassen schuld sind. Der Gedanke vom Gesetz als ungeschicktem παιδαγωγός erscheint hier umgebogen in den psychologischen, daß der Mensch sich gegen Ge- und Verbote, da er sie als Bevormundung empfindet, gern auflehnt. Ein Gewahren des Schattens in uns, um diesen innerweltlich zu bekämpfen, und, da dieser Kampf erfolglos bleiben muß, uns immer neu der Gnade Christi anheimzugeben, wäre Resignation. In wahrer πίστις und wahrer Demut unter Gott stellen wir uns erst, wenn wir auch unseren Schatten wirklich wahr haben wollen, das zwiespältige Menschenlos und die in ihm liegende Aufgabe annehmen, anpacken und aus ihm gemäß dem jenseitigen Schöpferwillen etwas Positives zu machen suchen.

Vom Schuldgefühl des Christen gegenüber Gott bleibt bei konsequent durchgehaltenem Vertrauen auf die Rechtfertigung des Sünders nur einerseits Erschütterung über schicksalhafte Verstrickungen, aus denen wir uns nicht lösen können, und andererseits die ontisch[36] begründete geziemende Unterwürfigkeit des Geschöpfes unter den Schöpfer, die es verbietet, von diesem würdigende Beachtung und eine Rechenschaft über sein uns oft nicht verständliches Tun zu fordern (Jes 45,9. Hiob 38,1 – 42,6. Rö 9,19-21). Für jene Erschütterung bietet uns Gott, sagt das Evangelium, an, daß er für das, was wir tun, geradestehen will und wir in ihm seelisch zur Ruhe kommen dürfen; statt der widerwilligen Unterwerfung aber, daß er uns für würdig erachtet, Vertrauen zu fassen und aus ihm heraus an seinem Werk unter den Menschen mitzuwirken.

16. Freiheit in Abhängigkeit von Gott

Im irdischen Leben erscheint die Beteiligung von Menschen am Wollen und Tun Gottes als Gebetsbeziehung zu diesem oder (im Sinne Albert Schweitzers[37]) als „mystische" Verbundenheit mit ihm. Neben quietistischer Freude am Einssein mit Gott gibt es auch das himmelstürmende christliche Gebet von der Art des „Ich

---

36 seinsmäßig, gemäß der Abhängigkeit unseres Seins von dessen Schöpfer; vgl. S. 94.
37 Mystik – und zwar eine ethische (der Ehrfurcht vor dem Leben) im Gegensatz zu in inhaltlicher ethischer Hinsicht oft erschreckend dürftiger in der Geschichte aufgetretener – sei das Fundament, ohne das wahre Ethik nicht gedeihen könne: A. Schweitzer: Kultur und Ethik, München 1923, [10]1955, 222 f; Die Mystik des Apostels Paulus, Tübingen 1929; Aus meinem Leben und Denken, Hamburg 1931, Ausg. der Fischer-Bücherei 1954, 195 (im „Epilog").

lasse dich nicht, du segnest mich denn" Jakobs.[38] Ein und dasselbe Geschehen erscheint dabei auf der Ebene theologischer Betrachtung als das alleinige Werk der Allmacht Gottes, auf der unserer unmittelbaren Erfahrung aber als unser eigenes freies Tun. Dies scheint ein Widerspruch, entspricht aber unserer tatsächlichen Situation. Man kann sich das an Jacobys Vergleich des Verhältnisses der Menschen zu Gott mit dem der erdichteten Personen zu ihrem Dichter verdeutlichen. Um den Gedanken abzuwehren, wir seien – wir pflegen zu denken: spürbar auch auf unserer innerweltlichen Ebene – Gottes Marionetten, füge ich das Gleichnis vom Verhältnis des Zöglings zu seinem Erzieher hinzu. Da erscheint Gott als derjenige, der uns die von ihm gewünschte Entwicklung nicht aufzwingen, sondern sie nur anregen kann, und ist hierfür seine Ohnmacht in der Welt – daß man sich wie „in Jesus" so auch sonst an ihm ungestraft schadlos halten kann – die geradezu notwendige Voraussetzung.

17. Der stellvertretend Leidende

Gott selbst ist in Jesus der *Leidende Gottesknecht* nach Jesaja 53, einer, der sich als Sündenbock behandeln läßt, aber aus dieser Rolle etwas Positives, ein „stellvertretendes Leiden" zugunsten der Menschen, macht.[39]

Stellvertretend Leidende entgiften mitmenschliche Beziehungen durch ihren Opfergang, indem man ihnen gegenüber seine Maske fallen läßt, seine wahren – aggressiven – Gefühle zeigt und abreagiert. Dabei kann Selbsterkenntnis der sich so Abreagierenden zustande kommen, vielleicht sogar eine, die den in der Hackordnung oben Stehenden auf die Seite des stellvertretend Leidenden bringt.

Wo Menschen als Sündenbock behandelt werden, weist man Gott die Verantwortung zu, indem man – anklagend – fragt, warum der betreffende denn so sei. Ähnlich wird auch nach der Ursache des Bösen in der Welt oder schwerer Katastrophen, die Völker betroffen haben, gefragt und Gott für das alles verantwortlich gemacht. Nach Günter Rutenborn beugt sich im Tod Jesu Gott diesem Schuldspruch.[40] Auf solche Weise, nicht durch Beseitigung des Bösen kraft sei-

---

38 1. Mose 32, 27
39 E. Neumann, a. a. O.(Anm. 32), 122 f; Fischer-Taschenbuch, 132 f
40 G. Rutenborn: Das Zeichen des Jona, Berlin 1948. In dem an Matthäus 12, 39-42; 16, 4; Lukas 11, 29-32 anknüpfenden Theaterstück wird die Frage nach dem gestellt, der schuld sei an dem Unheil, das im Zweiten Weltkrieg über einen großen Teil der Menschheit kam, und die Antwort gegeben, Gott sei für das alles verantwortlich und daher hinzurichten. Gegen Ende des Stückes sagt Jona: „Was habt ihr da nur gemacht, ihr Menschen des zwanzigsten Jahrhunderts? Ihr habt gedacht, etwas ganz besonders Kühnes getan und entdeckt zu haben; dabei war es nur eine Wiederentdeckung"; die

ner Allmacht, hilft im allgemeinen Gott den Menschen: Er zeigt ihnen, wie man mit dem Leiden umgehen und dabei mit seinem Schöpfer auch in unverständlichem schweren Erleben eins bleiben oder wieder werden kann: den Weg zur Überwindung der „Ursünde", der Trennung von ihm, auch in dieser Situation. Was sich so für den „gerechtfertigten Sünder" auftut, ist ein nicht an jedem Abgrund vorbeiführendes Leben voller Spannung, mit Zügen der ἁρμονίη Heraklits[41] und des goethisch-faustischen „immer strebenden Sichbemühens". So, nicht als ein Opferritus in Fortsetzung der älteren Tieropfer, hat der Tod Jesu rechtfertigende Kraft. Es geht um Opferung und Opfer *im* normalen Leben, nicht – in Gestalt eines frommen Ritus – *neben* ihm. Die Anwendung der Denkform der Mysterienreligion kündet dabei nicht von der Notwendigkeit, ein Gottwesen Jesus in sich aufzunehmen, sondern davon, daß es Gott selbst (auf den hin wir die Geschichte Jesu interpretieren) ist, von dessen Leiden wir leben.

Ein nicht Schuldbeladener hat größere moralische Autorität und darf und kann daher viel eher als ein anderer für Schuldige eintreten. So relativ, nicht absolut im altethischen Sinn muß der stellvertretend Leidende einer sein, „der kein Unrecht getan hat" (Jes 53,9). Unerläßlich ist es für seinen Auftrag, daß er am Menschenlos mit all seinen grundsätzlichen Gebrechen teilhat. Der „absolut Reine" aber, der hierbei eine Rolle spielt, ist Gott selber (den man mit dem angeblich „göttlichen Jesus" eigentlich meint). Denn er ist derjenige, der immer recht hat, weil er der Schöpfer ist, und dem man sich zu beugen hat. Er selbst, besagt der christliche Grundmythos, nimmt das Schwerste auf sich, was Menschen angetan werden kann, nicht nur in Jesus, auch in vielen Menschen seines Geistes vor und nach ihm. Jesu Schicksal ist nur ein Beispiel, freilich eines, das sich geschichtlich beispiellos ausgewirkt hat. Es war sehr schwer. Aber es kommt nicht darauf an, daß man sich kein fürchterlicheres ausmalen könnte. Auch in dem fürchterlicheren geht es, wo immer ein stellvertretend Leidender es auf sich nimmt, nach christlichem Verständnis um Gott.

Eine solche Rede scheint noch viel gotteslästerlicher als der Angriff gegen fromme Sitten und Gebräuche im allgemeinen. Sie berührt den höchsten, größten und grundlegenden Glaubensgedanken der Frommen und scheint wirklich Gott selbst zu beleidigen. Aber jeder muß sich fragen, ob er, wenn er so etwas auf ihn nicht kommen lassen will, sich vielleicht dem Ruf entzieht, sich an dessen einzig möglichem von Grund auf Heil bringendem Tun zu beteiligen, selbst jene Haltung an den Tag legend, durch die Gott unter uns derartiges erleben muß.

---

technischen Darstellungsmöglichkeiten des Theaters übersteige, „auch verbietet der Takt in mancher Hinsicht eine Darstellung der Vollstreckung des Urteils, das hier über Gott ausgesprochen wurde. Genug, Sie wissen, daß es vollstreckt wurde. Und daran wollen wir lediglich erinnern."
41 ἁρμονίη: auf Spannung beruhende „Harmonie" z.B. auf der gespannten Saite der Lyra.

Christen sind Leute, die den Mythos von dem Gott, der das Leiden und Sterben auf sich nimmt, wirklich erfaßt haben und in konkreten Situationen als Nachfolger Jesu die Sache dieses Gottes vertreten. Gott als gerecht und liebevoll verteidigen kann man angesichts der schweren Schicksale, die es gibt, nur, wenn man in irgendeiner Weise dieses Los selber auf sich nimmt. Ist die eigene Teilhabe an Leiden bescheiden – nicht jeder kommt in eine Situation, in der er Märtyrer werden kann oder soll –, so sollten wir auch von der erfahrenen Güte Gottes zurückhaltend sprechen. Die Teilnahme an seinem Leidensweg ist die andere Seite der „Prägung" der Christen durch die Offenbarung Gottes in Jesus.

Beide Rollen, die von dessen Nachfolgern des Tuns wie des Leidens, werden in der Kirche gespielt, auch von uns: Nicht formelhaft allgemein – mit der Hoffnung, bestätigt zu bekommen, daß es so schlimm um uns denn doch nicht stehe –, sondern ganz konkret sollen wir in unserem Leben und Verhalten die Punkte aufsuchen, durch die der uns z.B. in Mitmenschen begegnende Gott auch heute zu Tode käme oder aber vor einem solchen Los bewahrt würde.

18. Theodizee

Von einer Gerechtigkeit Gottes nach dem Maßstab, nach dem wir das Handeln und Ergehen von Menschen als gerecht beurteilen, kann keine Rede sein. Der Tod, der uns alle dahinrafft, Naturkatastrophen, Krankheiten und alle Greuel, die Menschen ungestraft Menschen antun können, lassen sich nicht als verdiente Strafe für begangenes Unrecht verstehen. Will man dennoch von Gottes Gerechtigkeit sprechen, so nach dem Hiobbuch[42] nur in dem Sinn, daß Gott als der Allerhöchste mit dem, was er tut, immer recht hat und sich nicht vor seinen Geschöpfen zu verantworten braucht, der Mensch hingegen, wenn er sich erlaubt, Klage über seinen Schöpfer zu führen, immer im Unrecht ist. Gebote Gottes, die der Mensch zeit seines Lebens zu befolgen hat, gibt es gleichwohl. Der Christ stellt sich mit seinem Gehorsam und Ungehorsam gegen diese Gebote vor Gottes Gericht, nicht ihn vor das seine. Theodizee wird im christlichen Glauben verworfen.

Gleichwohl besage der aber, daß es Gott gut mit uns meine. Das ist zunächst nichts weiter als das Bekenntnis zu dem Faktum, daß wir, solange der Lebenswille in uns ist, – und das ist er im erstaunlichen Maß oft auch in verzweifeltster Situation – praktisch ein Vertrauen zur Sinnhaftigkeit unseres Seins bekunden, ein Dennoch des Glaubens, dem Eindruck der Ungerechtigkeit des Geschehenden zum Trotz. Eine Antwort auf die Frage, wieso diese Haltung aus dem christli-

---
42 Hiob 38,1 - 42,6

chen Glauben erwachse, erteilt Paulus im Römerbrief 3, 25-26, wo er auf die von ihm gelehrte Rechtfertigung des Sünders verweist: Gott habe „Christus Jesus ... hingestellt in seinem Blut als Sühnopfer, damit Gott erweise seine Gerechtigkeit. Denn er hat die Sünden vergangener Zeiten getragen in göttlicher Geduld, um nun zu diesen Zeiten seine Gerechtigkeit zu erweisen, auf daß er allein gerecht sei und gerecht mache den, der da ist des Glaubens an Jesus."[43] Gott zeige, heißt das, seine wahre, ganz anders zu verstehende Gerechtigkeit im Tod Jesu, der mythisch als Gottes eigener Opfertod interpretiert wird: Es sei beim stellvertretenden Leiden Jesu um die Theodizee gegangen: Gott gebe den Menschen recht, wenn sie ihn als den für ihre unverdienten Geschicke Verantwortlichen ausmachen und sich an ihm schadlos halten wollen, und beschäme sie, denn er hätte dieses als ihr Schöpfer nicht nötig, und überführe sie, daß sie genau wissen, in welchem Maß sie an dem Unrecht, das Mitmenschen angetan wird, in Wahrheit selber schuld sind, eine Einsicht, die ihre Einstellung verwandeln muß. Ist es der Grundmythos des Christentums, daß es Gott, wenn er als Mensch unter uns Menschen erschiene, so wie Jesus erginge, so daß wir metaphorisch vom Tod Gottes auf Golgatha sprechen könnten, so ist es ein wesentliches Merkmal des christlichen Gottesglaubens, daß er die Theodizeefrage zuläßt und, soweit möglich, zur Ruhe bringt: Wer ungerechtes Schicksal durch Teilnahme an Gottes stellvertretendem Leiden zu beheben sucht, löst sich insoweit aus der aufbegehrenden Fragestellung und macht auch andere von ihr frei. Der ältere Friedrich v. Bodelschwingh in den Betheler Anstalten habe, ist überliefert, auf diese Frage geantwortet: „Ich leide auch zuweilen unter all dem Elend der Erde und kann es nicht verstehen, ... aber dann denke ich immer wieder: Wie würde es sein, wenn das Elend nicht da wäre? Es würde noch viel schrecklicher auf der Erde aussehen, weil dann die Hoffart ohne alle Hindernisse wachsen würde. Das Menschenherz ist viel zu hoffärtig, als daß es das Leiden entbehren könnte":[44] Die Frage nach dem Warum ist unbeantwortbar, wenn man dieses als Wieso und Woher auffaßt, aber in einer Weise, die praktisch umgesetzt werden kann, beantwortbar, wenn man es als Wozu interpretiert: Es gibt das uns Unverständliche, damit Liebe geschehe. So gesehen bildet der Umgang mit dem Theodizee-Problem geradezu das Zentrum des christlichen Glaubens.

Es rührt an den Nerv unseres Menschseins: Gott hat uns als Wesen mit freiem Willen erschaffen. Das hätte er nicht tun dürfen, wenn ausgeschlossen sein sollte, daß wir unsere Freiheit auch gegen ihn und unsere Mitmenschen kehren.

---

43 „ὃν προέθετο ὁ θεὸς ἱλαστήριον διὰ πίστεως ἐν τῷ αὐτοῦ αἵματι, εἰς ἔνδειξιν τῆς δικαιοσύνης αὐτοῦ διὰ τὴν πάρεσιν τῶν προγεγονότων ἁμαρτημάτων ἐν τῇ ἀνοχῇ τοῦ θεοῦ πρὸς τὴν ἔνδειξιν τῆς δικαιοσύνης αὐτοῦ ἐν τῷ νῦν καιρῷ, εἰς τὸ εἶναι αὐτὸν δίκαιον καὶ δικαιοῦντα τὸν ἐκ πίστεως Ἰησοῦ."
44 Kurt Pergande: Der Einsame von Bethel, Stuttgart ²1956, 153

Die Sündenfallgeschichte stellt unsere Situation dar. Der Mensch ist „geworden wie unsereiner", sagt Gott da, „er weiß, was gut und böse ist",[45] was besagt: Er weiß es gerade nicht, weiß nicht, was zu tun und zu lassen sei, da er sich von Gott, der ihn hätte sicher führen können, abgenabelt hat und die Aufgabe, vor der er steht, ihn nun überfordert. Der Mensch ist das Wesen, das seinem Schöpfer ungehorsam sein, dessen Gebot übertreten kann und diese Möglichkeit nutzt, solange es ihn gibt, auch Adam und Eva schon. Das wird nicht wirklich aus einem Vergehen erklärt, das die beiden begangen hätten. Woher es komme oder warum Gott es so eingerichtet habe, bleibt ein Rätsel. Friedrich von Bodelschwinghs Worte zeigen, daß und in welchem Sinn diese Geschichte, auch wenn man sie als Charakteristik der Menschennatur ohne moralische Wertung versteht, doch auch von Moral und Schuld handelt.

19. Verketzerung Gottes

Jesus wurde geschichtlich durch ein bestimmtes Tun zum stellvertretend Leidenden, nämlich durch seine Predigt, seine Äußerungen in Streitgesprächen und seine Wundertaten am Sabbat. Ihretwegen sahen fromme Vertreter der jüdischen Religion ihn als „Ketzer" an. Seinen Angriff auf ihre Art der Frömmigkeit mißdeuteten sie als Angriff auf Gott. Und nach dessen heiligem Willen, nicht etwa nur nach einer von ihm vielleicht abweichenden Gesetzesauslegung, glaubten sie zu handeln, indem sie den Tod des „Ketzers" (die Christen könnten sagen: für den heiligen Gott selbst) beschlossen. Paulus folgert: Das Gesetz ist, indem es bei ordnungsgemäßer Anwendung den, der aller Welt Segen ist, zum Fluch stempelt, ad absurdum geführt. Mit Jesu Tod ist für ihn an die Stelle des Heilsweges „Gesetz", das sich im pharisäischen Typ der jüdischen Frömmigkeit, statt weiter nur Ausdruck des lebendigen Gotteswillens zu sein, verselbständigt habe, der Heilsweg „Jesus" getreten.[46] Da erscheine Gott wieder als Herr, nicht Knecht seiner Gesetze.

Was – vor allem in den synoptischen Evangelien – durch die schon dogmatische Erfassung hindurchscheinend erkennbar – der historische Jesus offenbar gelehrt und durch die Tat vertreten hat, sehen wir bei Paulus auf eine klare theoretische Formel gebracht. Hatte er sowohl gesagt, das Gesetz sei bis aufs I-Tüpfelchen zu erfüllen, als auch ihm sein „Ich aber sage euch" entgegengesetzt,[47] so war für Paulus klar: Er hat das Gesetz prinzipiell aufgehoben, womit er

---
45 1. Mose 3, 22
46 Galater 3, 13. 23 - 4, 7
47 Matthäus 5, 18-48

jedenfalls nachträglich den gegen Jesus erhobenen Verdacht der Ketzerei theoretisch bestätigte. Die durch ihn vollzogene radikale Absage an den νόμος formuliert Paulus kaum verhüllt in Rö 3,28 („sola fide")[48] sowie, wenn er ihn als ἀφορμή der Sünde (Rö 7,8.11)[49], in die falsche Richtung führenden, durch Christus abgelösten und korrigierten παιδαγωγὸς εἰς Χριστόν (Gal 3,24)[50] und – noch versteckter – als von Engelwesen, nicht aber von Gott selbst gegeben (Gal 3,19-20)[51] bezeichnet. Er ist nahe daran, die Frage: „ὁ οὖν νόμος κατὰ τῶν ἐπαγγελιῶν;" (Gal 3,21) als „Steht denn das Gesetz im Widerspruch zu den <an Abraham ergangenen> Verheißungen?", „Ist denn das Gesetz Sünde?"[52] zu verstehen und sie in diesem Sinn geradeheraus zu bejahen, deutet sie aber als „Kann das Gesetz gegen die Verheißungen etwas ausrichten?", um sie nunmehr scharf zu verneinen.[53] Verteidigt der Pharisäer Paulus – dem Vorwurf der Ketzerei entgegentretend – den νόμος, er sei „heilig, recht und gut", (Rö 7,12), so gilt ihm das für den wahren νόμος, die wirkliche Weisung des lebendigen Gottes. Die ist von dem, was durch seine Verselbständigung mißbräuchlich aus ihm gemacht wird, zu unterscheiden und wird von der Verdammung des Mißbrauchs nicht berührt. Was im Galaterbrief der verworfene Heilsweg „νόμος" ist, der durch den Heilsweg „Glaube an Jesus Christus" ersetzt wurde, heißt im Römerbrief (7,23 u. 25) νόμος ἁμαρτίας im Gegensatz zum νόμος τοῦ θεοῦ.[54]

Der von Paulus verworfene verselbständigte νόμος im hier gemeinten Sinn ist aber viel mehr als der eigentliche Gesetzeswortlaut, sondern alles, was Menschen zu ihrer eigenen seelischen Absicherung an festen Regeln des Verhaltens und Denkens für allgemein verbindlich erklären, pädagogisch, politisch und religiös. An dem allen stirbt, so die Auffassung, mitten unter uns Gott auch noch heute bzw. „stürbe" er, wenn er als Mensch erschiene. Und daß Jesus infolge des so verstandenen νόμος von den damaligen religiösen Führern der jüdischen

---

48 „So halten wir nun dafür, daß der Mensch gerecht werde ohne des Gesetzes Werke, allein durch den Glauben."
49 ἀφορμή = Anlaß, Anreiz, Provokation zur Sünde
50 παιδαγωγὸς εἰς Χριστόν = Zuchtmeister, Erzieher zu Christus hin, bis zu Christus
51 Nach der gnostische Quellen heranziehenden Auslegung von Heinrich Schlier: Der Brief an die Galater, [11]Göttingen 1951, 109-120: Waren bei der Gesetzgebung am Sinai Engel als Mittler benötigt, so waren sie nach dieser Stelle selber die Gesetzgeber (im Plural!), die ihre differierenden Vorstellungen zu versöhnen suchten. Der Eine Gott bedarf keiner zwischen etwa in ihm widerstreitenden Kräften vermittelnden Instanz. Das Gesetz stammte dann also nicht von Gott, sondern von Wesen, die sich eigenmächtig zwischen Gott und Mensch geschoben hätten.
52 Römer 7,7: „ὁ νόμος ἁμαρτία;"
53 „μὴ γένοιτο": „Das geschehe nicht!" = „Nein!" Diese Interpretation der Stelle nach Schlier, a.a.O., 120 aufgrund der Fortsetzung in demselben Vers.
54 νόμος τοῦ θεοῦ = „Gesetz Gottes"

Gemeinde aus dieser als Gotteslästerer ausgestoßen wurde, dürfte hinter dem Bericht stecken, nach dem der Hohepriester Jesu Anspruch, Messias und Sohn Gottes im griechischen Sinn zu sein, als seine entscheidende Gotteslästerung bezeichnet hätte.

In der Kirchengeschichte mußte sich von der Grundidee des Christentums her die Verketzerung und Tötung Gottes in Ketzergestalt ungezählte Male wiederholen und geschah dies vor allem auch im Umgang der Kirche mit den Juden. Auch eine religiöse Organisation, in welcher der Gott verehrt wird, dessen Gestalt auf Erden die des Ketzers war, ist eine schwer in die Wirklichkeit umzusetzende Konstruktion. Der tödliche Angriff gegen Gott wird in der Kirche noch immer vorgetragen, wo man – entgegen dem von Paul Tillich herausgearbeiteten „protestantischen Prinzip"[55] – eine „rechte Lehre" über ihn stellt.

Die These, Jesus sei als „Ketzer" zu Tode gekommen, wird nicht erschüttert durch die richtige Feststellung, daß seine Lehre innerhalb des Judentums nicht ketzerisch war. Denn „Ketzer" ist kein objektiver Begriff, mit dem ausgesagt würde, daß die Auffassung des Betreffenden von der sachgemäßen Meinung abweicht. Dieser Begriff wird vielmehr subjektiv von solchen verwendet, die die Macht besitzen, ihre eigene Auffassung als die rechtgläubige zu etablieren, unabhängig davon, ob sie sachgemäß ist oder nicht, und die Auffassung anderer für falsch zu erklären, auch wenn sie goldrichtig ist. Man „ist" nicht Ketzer, sondern „wird verketzert". Verketzerung ist kein speziell jüdisches Verfahren. Es wird in allen Völkern und Religionen und auch in der Politik immer wieder praktiziert. Nach dem Zeugnis der Evangelien ist eben dies Jesus durch Juden widerfahren.

Statt ausdrücklich allgemein Ketzerei, dh. im damaligen griechischen Sprachgebrauch: Häresie,[56] wird Jesus in ihnen aber speziell deren extreme Form: Gotteslästerung (Blasphemie[57]) vorgeworfen. Doch trifft dieser extreme Vorwurf erst die hellenistisch beeinflußte frühe Christengemeinde, nicht schon Jesus. Denn erst ihr war offenbar dieser der Sohn Gottes im griechischen Sinn, dh. ein göttliches Wesen neben Gott. Geschichtlich muß sich Jesu Verketzerung auf seine Angriffe gegen die herrschende pharisäische Frömmigkeit seiner Zeit, zB. in der Frage der Einhaltung des Sabbatgebots, bezogen haben.

Wenn man aus der These, Jesu Lehre sei nicht ketzerisch gewesen, folgert, also könne er auch nicht auf Veranlassung damaliger frommer jüdischer Kreise hingerichtet worden sein, so müßte er – entgegen dem Befund der historisch-kritischen Forschung – doch bewußt selbst die Messiaswürde beansprucht ha-

---

55 P. Tillich: Der Protestantismus, Stuttgart 1950 (autorisierte Übersetzung d. amerikan. Ausgabe „The Protestant Era", Chikago 1948), 210
56 αἵρεσις = Wahl, Bevorzugung, Parteinahme, (willkürliche) Gefolgschaft
57 βλασφημία = Lästerung, Schmähung: Markus 14, 64, Matthäus 26, 65, Johannes 10, 33.

ben. Als Vertreter der Römer hätte dann Pontius Pilatus ohne jüdischen Hinweis die Gefährlichkeit der Jesusbewegung erkannt. Die Juden wären dann vielleicht sogar durch die Römer eines Mannes beraubt worden, in dem sie einen Hoffnungsträger für eine positive Wendung ihres politischen Schicksals hätten erkennen können.

20. Martyria

Mehr als das Sterben ist es das Leiden Gottes, auf das es im christlichen Glauben ankommt, und nicht das Leiden als solches, sondern das Martyrium im eigentlichen, weiteren Sinn: die „Martyria" des „Zeugen", der nicht nach Max Bense[58] durch sein teils provozierendes, teils zu passives Verhalten den Henker rechtfertigt, sondern aktiv liebevoll-werbend auf den Mitmenschen, auch auf den feindlichen, zugeht und ihn zu gewinnen sucht. Christentum ist eine Sache Gott preisender, froher Menschen, die nicht die eigene Mutlosigkeit und ihre Unfähigkeit, Kränkungen zu ertragen, mit einem Leiden für Gott verwechseln oder sich etwa nach dem Martyrium (im engeren Sinn) sehnen. Wer Märtyrer werden will, kann nicht wirklich Märtyrer sein. So ist der gehenkte Gott, der mit dem „gekreuzigten Christus" von 1. Korinther 1,23 gemeint ist, der Extremfall, der deutlich macht, wie weit die Bereitschaft Gottes gehe, sich den Menschen zu schenken.

Die Glaubensform der antiken Mysterienreligion von der sterbenden und wieder auferstehenden Gottheit im Neuen Testament ist ebenso wie die aus ihr hervorgegangenen Sakramente ein Mittel, dies zum Ausdruck zu bringen. In Anwendung auf den göttlichen Jesus zur dogmatischen Formel erstarrt, leistet sie einer Mißdeutung des christlichen Glaubens Vorschub.

21. Der Christus

Jesus wollte wahrscheinlich nicht Messias sein, wurde aber offenbar schon früh mit der Frage, ob er es sei, konfrontiert, als solcher bei den Römern angeschwärzt und hingerichtet und nach Tod und „Auferstehung" von seinen Anhängern als Messias in einem neuen Sinn (bald unter der griechischen Form dieses Titels: als „Christos") verehrt. Messianitätsanspruch ist keine Gotteslästerung, wohl aber für die Römer ein Grund, eine Rebellion zu befürchten.

Die Frage, ob Jesus der Messias „war" und dies nun als jenseitiger Herrscher „ist", kann nur beantwortet werden, indem man sich die hinter Messiaserwartung

---

58 M. Bense: Descartes und die Folgen I, 1955, 76

und -glauben stehende Idee vergegenwärtigt und die Frage einbezieht, ob die Christenheit nach Jesus nunmehr einen messianischen Charakter hat. Denn an sich ist die offenbar von Jesus geteilte Erwartung, daß ein Messias kommen sollte, ein abenteuerlicher Gedanke, eine Phantasie über kommende Ereignisse, die – für bare Münze genommen – sich nur als irrig erweisen konnte. Als realisierbarer Rest blieb von dieser Vorstellung nur übrig, daß in gewissen Grenzen auf der politischen Bühne und mehr noch im privaten Leben der Menschen die Verhaltensweise, die z.b. Jesus vorgelebt hat, zu einer Macht und er zu einem Menschenherzen beherrschenden König werden kann: messianischer Geist als eine stille Gegenmacht der weltlichen Mächte und Machthaber, real, wo gerechte, liebevolle Menschlichkeit waltet und Menschen sich von dem Zwang freimachen, auf das Verhalten der anderen mit einem gleichen Verhalten zu reagieren. (Das ist jene „Vollkommenheit", die sich nach Matth 5,45 u. 48 mit derjenigen Gottes messen kann, welcher die Sonne ohne Ansehen der Person über Gerechte und Ungerechte aufgehen läßt). „Messias" und so auch Jesus in dieser Rolle wäre dann die Verkörperung dessen, was Kant „reine praktisch Vernunft" und Jacoby „absoluten Geist" nannte,[59] des Verhaltens von Menschen, die sich, ohne persönlichen Neigungen und Interessen nachzugeben, in genauer Kenntnis der sachlichen Gegebenheiten am Maßstab des Sittengesetzes orientieren. Jesus regiert demnach, seit es Christen gibt, in diesen als der messianische König, der im uns ganz nahen Jenseits zur Rechten Gottes thront. Aber das ist nicht automatisch auch eine Realität in der Christenheit insgesamt und in der Kirche. Da ist er eher wieder der als Umgestalter der politischen Welt erst Ersehnte.

22. Auferstehungsglaube

Kaum von Bedeutung für das Christsein ist es, ob man an ein die Naturgesetze durchbrechendes Wunder der Auferstehung Jesu glauben kann. Dieses Dogma bringt ebenso wie die Vorstellungen von der persönlichen Auferstehung des einzelnen Menschen nach dem Tod, Weltgericht, Reich Gottes, Weltende und Gottes neuer Welt zum Ausdruck, daß dieser durch Tod und alles Leid der Welt nicht abgesetzt wird, in Gott letztlich alles, auch das Unverständlichste und Widersinnigste, seinen „Sinn" hat, was jedoch in seiner Spannung zum christlichen Grundmythos von dem durch die Menschen getöteten Gott gesehen werden muß.

Bei für real genommener Auferstehung Jesu von den Toten in dieser unserer Welt ergäben sich Schwierigkeiten, wenn man sich den Abschluß seines erneu-

---

59 G. Jacoby, a.a.O. (Anm. 1), II, 683-695; vgl. 843 f, 855

ten Auftretens durch die Himmelfahrt klar zu machen sucht. Irgendwo müßte aus der Richtung weg vom Erdmittelpunkt hinaus ins Universum die Bewegung in ein Verschwinden aus Raum und Zeit in ontischer Richtung umgeschlagen sein, in dem Gleichnis aus der erdichteten Welt zum realen Dichter. Es ist eine Frage, wie stark wir beim Einstimmen in den Osterjubel „Christ ist erstanden!" uns des mythischen Charakters der benutzten Denkweise bewußt sein können, ohne daß wir uns an dem irre machen lassen, was der Auferstehungsglaube für uns eigentlich bedeutet. Und es fragt sich, wieweit wir es bei Kenntnis des Als-ob-Charakters unseres Umgangs mit dem Wirklichen mit der uns zugestandenen Erlaubnis treiben dürfen, kindlich naiv auch religiös in den uns einzig möglichen Denkformen als der für uns gültigen Wirklichkeit zu verharren.

23. Heiliger Geist

Man kann nicht ignorieren, daß in der christlichen Theologie früh die Lehre von der Dreieinigkeit eine zentrale Bedeutung gewonnen hat und von ihrer vermeintlich richtigen Formulierung zu einem Teil die Zuerkennung der Rechtgläubigkeit abhing. Das ist eine Hypothek, die Versuche, den christlichen Glauben Ungläubigen zu erklären, und das Gespräch mit Judentum und Islam unnötig erschwert. Es blieb schwierig, plausibel zu machen, daß trinitarische Gottesauffassung in Wahrheit monotheistisch, die drei Personen Vater, Sohn und Heiliger Geist doch nur eine Gottheit seien.

Es gibt, scheint mir, so etwas wie eine Faszination der Drei. Man kann es als eine eingängige Formel des Priesterjargons erleben, wenn unter dem Schlagen des Kreuzeszeichens im Namen des Vaters, Sohnes und Heiligen Geistes der Segen erteilt oder Sünde vergeben wird, und das macht verständlich, daß für den Katholizismus das Amt des Priesters Sakrament ist. Denn er erscheint als wundersamer Vermittler von Kräften aus dem Jenseits. Und in der Tat will Kirche eine im Jenseits verankerte, auf es ausgerichtete Institution sein, in der dieses als ein Vorgeschmack des Reiches Gottes ins Diesseits hineinragt.

Die Trinitätslehre mag religionsgeschichtlich den Glauben an Götterdreiheiten, an eine göttliche Familie aus Vater, Mutter und Sohn wiederaufnehmen, wie es ihn im alten Orient gab, wo das Wort für Geist ein Femininum gewesen sei. Der Katholizismus hätte das bewahrt, indem für ihn Maria als Mutter Gottes zur Verkörperung der Kirche wurde.[60]

---

60 So Jacoby a.a.O. (Anm. 1), II, 861 f

Die Trinitätsformel erscheint im Matthäusevangelium[61] ziemlich unvermittelt im Mund des Auferstandenen, noch nicht zum Himmel Aufgefahrenen. Im Johannesevangelium verweist Jesus die Jünger zu Lebzeiten auf den zu erwartenden Parakleten, der, wenn er selbst nicht mehr unter ihnen sei, aber auch nur, wenn er von ihnen scheide, für alle Zeiten die Führung übernehmen werde.[62] Und das ist jedenfalls der Sinn des Glaubens an den Heiligen Geist: daß seine Gemeinde auch dann noch von Gott selbst durchdrungen, getragen und geführt wird. Damals hat man sich Gott als den in der Gemeinde Gegenwärtigen als eine besondere Person vorgestellt, unterschieden von ihm in den Rollen des Schöpfers und des sich zum Opfer bringenden Sohnes.

24. Glaubensbekenntnis

Fordern kann man vom Christen, daß er sich zum Gottesvolk der Kirche, deren Eckstein und deren Sinn ihm bekannt sind, als zu der Gemeinschaft bekennt, zu der er gehören will. Entscheidend ist das Bekenntnis der Tat, zu dem Worte ein manchmal nützlicher Kommentar sein können. Dem Wesen und der Rolle des mythischen Denkens in der Religion widerspricht es, wenn man meint, den Glauben in Form erlernbarer Lehrsätze wirklich fassen oder ihn anhand ihrer prüfen zu können. Verantwortbare Auseinandersetzungen über den Glauben erfordern, daß alle Beteiligten sich ihrer Verflochtenheit in die reale Problematik des Lebens bewußte Suchende und Fragende sind, die voneinander lernen wollen.

25. Christliche Liebe

Das Bild vom stellvertretend leidenden Gott, verstanden als Beispiel für die Martyria des um die Menschen werbenden Gottes, ist der maßgebliche Kompaß für die den Christen und der Kirche aufgegebene *Liebe* zu den anderen.

---

61 Matthäus 28, 19
62 Johannes 15, 26. 16, 7. Hier wird die Gestalt des erwarteten παράκλητος, des „Trösters" mit dem Heiligen Geist (τὸ πνεῦμα τῆς ἀληθείας = „Geist der Wahrheit") gleichgesetzt.

II. Denkansätze zu einer christlichen Ethik

26. Zusammenfassung

Christliches ethisches Verhalten ist Menschlichkeit, verwirklicht als Martyria und Diakonia Gottes selbst (die bis zum Martyrium gehen kann) in Gestalt des Verhaltens, Tuns und Lassens der Christen.
    Das ist Ethik im Horizont des Existenzproblems, eine Ethik der dem konkreten Leben des einzelnen dienenden Liebe im Geist der Wahrheit und eine Ethik der Verantwortlichkeit für das Zusammenleben der Menschen, auch für das politische und auch in den besonderen, durch den jeweils neuesten Entwicklungsstand von Kultur, Wissenschaft, Technik und Wirtschaft bedingten Problemen.
    Das hier nur programmatisch Skizzierte bedürfte einer ins einzelne gehenden Ausführung aufgrund genauer Kenntnis der jeweils zu berücksichtigenden Gegebenheiten und noch umfassenderer eigener Erfahrungen.

27. Existentieller Hintergrund

Das Gespür für seine „ontische" („existentielle") Kontingenz zeichnet den Menschen aus und macht, daß er von Anbeginn Religion hat: Er ist das Wesen, das sich fragt, warum er sei und warum er so sei, wie er ist, sich Sorgen macht, wie es mit ihm weitergehe, und neue Möglichkeiten erdenkt und vielleicht als Künstler vor Augen stellt, die sich ihm und den anderen auftun könnten. Am unmißverständlichsten erfährt die bis dahin durch die Beschäftigung mit Diesseitigem verdeckte Kontingenz jeder im Tod. Angesichts seiner erscheint ihm und im Schmerz um ihn auch den Angehörigen alles, was innerweltlich geschieht, als wesenlos. Neben atheistischem Verharren im Zweifel an einem Sinn des Lebens, Verzweiflung, mönchischer Weltflucht und mönchischer Konzentration auf das Jenseits mit spiritueller Ausstrahlung ins Diesseits hinein gibt es die Möglichkeit, sich durch ein auf einen Gott vertrauendes, tatkräftig-gelassenes An- und Aufsichnehmen der diesseitigen Aufgaben darauf einzustellen, daß wir sterben müssen und schon auf der Höhe unseres Lebens kontingente Wesen sind.
    Relativiert erscheinen uns in dieser Perspektive das Bestreben und Bemühen des einzelnen um Glück, Wohlergehen und erfüllende Betätigung, Gelingen und Versagen, das bürgerliche Leben in Familie und Beruf, Besitz, die Wirtschaft,

Wettbewerb, Erfüllung oder Versäumnis staatsbürgerlicher Pflichten, Feindschaften zwischen den Völkern, Kriege, Kriegs- oder Zivildienst usw. Sie alle bleiben auf die Frage nach dem letzten Sinn die Antwort schuldig. Besitz, Gesundheit, Ehe, Beruf usw. sind für den Christen Leihgaben Gottes, die er – wie Paulus es als in der Endzeit auf uns zukommende Notwendigkeit voraussah – gewissermaßen schon jetzt „hat, als hätte er sie nicht".[63] Indem er nicht in einem letzten Sinn an all dem hängt, wird ihm das gelassene Ja zu dem, was ontisch sein Los ist, möglich oder, wie er auch sagen kann, das Ja Gottes zu ihm, wie er ist, erfahrbar. Und gerade mit einer wirklichen Hingabe an das Leben und an geliebte Menschen dürften wir am ehesten der Vorläufigkeit der uns in dieser Welt gestellten Aufgaben entsprechen, während mit ihrer bewußten Unterdrückung um des religiösen Zweckes willen wir uns als über das Menschsein Erhabene aufführen würden, die nur ihr religiöses Ich kultivieren.

Eigener Besitz des Menschen, das weiß auch der am bürgerlichen Leben teilnehmende Christ, ist nötig und berechtigt als eine Sicherheit gebende Basis des Lebens, die er z.T. sich selber geschaffen hat. Aber von einem natürlichen, in Zeit und Ewigkeit unaufhebbaren ererbten oder erarbeiteten Rechtsanspruch auf ihn kann vor Gott und gemessen an den Wegen, die er die Geschichte der einzelnen und der Völker nehmen läßt, nicht die Rede sein. Und für die Wirtschaft gilt in dieser Perspektive, daß der Menschengeist, der sie ersonnen hat, nicht aber ihre Gesetze und Sachzwänge, die Oberhand behalten muß.

28. Das Ja des christlichen Glaubens zum konkreten individuellen Menschenleben und sein Protest gegen eine Kultur des Todes

So wahr es ist, daß das Leben der Christen im nationalen Kontext von Gesellschaft und Politik sowie nach ihrem Glauben innerhalb des Volkes des Gottes Israels stattfindet und darüber hinaus durch internationale Gegebenheiten bedingt ist, so wahr ist auch, daß das Leben immer das konkrete des Einzelnen bleibt. Ihm eignet die Menschenwürde, die nicht angetastet werden darf. Sätze wie „Der Einzelne ist nichts, das Volk ist alles" oder der Stolz eines Märtyrers, der sein eigenes und das Leben anderer opfert um einer großen Idee und sei es um der einzig wahren Religion willen, haben da keinen Platz. Daß gerade wie Juden so auch Christen dennoch immer wieder Märtyrer wurden, hat einen meist nicht

---

63 Nach 1. Korinther 7, 29-31: „Die Zeit ist kurz. Fortan müssen auch die da Frauen haben, sein, als hätten sie keine (ἵνα καὶ οἱ ἔχοντες .... ὡς μὴ ἔχοντες ὦσιν); und die da weinen, als weinten sie nicht; und die sich freuen, als freuten sie sich nicht; und die da kaufen, als besäßen sie es nicht; und die diese Welt gebrauchen, als gebrauchten sie sie nicht. Denn das Wesen dieser Welt vergeht."

durchschauten Grund in ihrem Eintreten dafür, daß Gott gerecht und die Liebe sei, und in der Empfindlichkeit des natürlichen Menschen gegen die darin liegende Zumutung, die ihm seine eigene Bosheit oder Tatenlosigkei nicht durchgehen läßt.

„Gott ist nicht der Toten, sondern der Lebendigen Gott", sagte nach den synoptischen Evangelien Jesus zu den Sadduzäern, als sie ihm die Problematik unterbreiteten, mit der ihrer Meinung nach im Himmel eine Auferstehung der Toten verbunden wäre.[64] Der christliche Glaube gibt sich mit dem schließlichen Sieg des Todes nicht zufrieden. Für ihn ist die Passion Jesu durch seine Auferstehung geradezu schon auf Erden wettgemacht. Was damit gemeint ist, erscheint ins Zwielicht gerückt, wenn man die Darstellung der Offenbarung des Johannes[65] von dem Christus wörtlich nimmt, der erst in einem zugleich jenseitigen und diesseitigen Endkampf gegen die Mächte der Finsternis den Sieg davonträgt, sowie an die geschichtlichen Versuche denkt, dem Christentum mit Gewalt zum Durchbruch zu verhelfen. Vielmehr sind nach dem Glauben der Christen Jesus und sie selbst vor Gott in Wahrheit siegreich und haben wahres, ewiges Leben, auch wenn sie und auch schon zu der Zeit, zu der sie auf Erden unterliegen.[66]

Ihr Glaube läuft Sturm gegen die Resignation, zu der hinduistische oder islamische Weisheit und wohl auch tiefenpsychologische Betrachtung verleiten können: Quälen und gequält werden, morden und gemordet werden, im Krieg töten und getötet werden, scheint es da, sei mit der Menschennatur und dem Menschenlos unausrottbar gegeben,[67] und unrealistisch wäre die Hoffnung auf eine Befreiung von dieser Geißel.

---

64 Markus 12, 27; Matthäus 22, 32; Lukas 20, 38
65 Offenbarung 19, 11-21
66 „Wahrheit" (ἀλήθεια) im Sinn des Johannes-Evangeliums 11, 25-26
67 In der Bhagavadgita II, 18-21; 37-38 wird der Krieger, der seiner Pflicht zum Kampf, in dem ihm befreundete Menschen auf der Gegenseite gegenüberstehen werden, ausweichen und sich in die Existenz eines Weisen flüchten will, der über Verstrickungen in die Welt erhaben ist, ermahnt (Ausg. v. S. Radhakrishnan, übers. von S. Lienhard, Wiesbaden, o.J.): „Ein Ende haben die Körper, unzerstörbar und unfaßbar aber ist das Ewige, welches in diese Körper eingegangen ist. Darum kämpfe, o Bharata (Arjuna)! Wer denkt, er tötet, wer glaubt, er werde getötet, sind beide im Irrtum. Nicht tötet dieser eine, noch wird er getötet. Nicht wird er geboren, noch stirbt er jemals. Ins Sein gelangt, wird er nicht wieder aufhören zu sein. Er ist ungeboren, ewig, dauerhaft und uralt. Er wird nicht getötet, wenn der Körper getötet wird. Wer ihn als unzerstörbar und ewig, ungeboren und unvergänglich kennt, wie könnte ein solcher Mensch, o Partha (Arjuna), irgendeinen töten, irgendeinen töten lassen? ... Entweder wirst du getötet werden und in den Himmel eingehen, oder du wirst siegen und die Erde genießen. Darum erhebe dich, o Sohn der Kunti (Arjuna), zum Kampf entschlossen! Rüste dich zum Kampfe, nachdem dir Freude und Leid, Gewinn und Verlust, Sieg und Niederlage gleichgültig

Das Alte Testament setzt gegen die Wahrheit, daß Menschen morden, die Bedrohung mit der Todesstrafe zuerst nur für denjenigen, der es wagen sollte, sie an Kain, dem ersten Mörder, zu vollstrecken. Zur Fortsetzung der Ungeheuerlichkeit, daß man sich am Leben vergreift, sollte es keinesfalls kommen. Zwar hat, wer einen Menschen tötet, sein Leben nach dem alttestamentlichen Gesetz verwirkt[68] und kann man sich für die Ächtung der Todesstrafe auf es nicht berufen. Aber wir Heutigen erinnern uns des Rauschs, dem Menschen verfallen, wenn sie einmal überzeugt sind, Todeswürdigen auf der Spur zu sein, z.B. einst bei Ketzer- und Hexenprozessen und in den Totalitarismen des vergangenen Jahrhunderts. Wir verstehen die ursprüngliche alttestamentliche Abwehr, und diese, das Ja zum Leben und zu dessen Schutz dürfte der Grundtenor des jüdischen und christlichen Glaubens geblieben sein, auch wenn es in der Bibel heißt, schon in der fünften Generation nach Kain habe es sein Nachfahre Lamech als gutes Recht in Anspruch genommen, für geringfügiges Unrecht vielfach Rache zu üben,[69] und dann nicht nur Zerstörung von Menschenleben, sondern auch falscher Gottesdienst und manches andere als todeswürdiges Verbrechen erscheint.

Das Ja des Christen zum Leben ist nicht ein unbedingtes Nein zum Sterbenlassen, das sich mit künstlicher Verlängerung eines qualvollen Verendens nicht abfinden will. Er wird weder leichthin sein Leid und seine Schmerzen unerträglich finden noch einen Heroismus zur Schau tragen, mit dem er vielleicht nicht wirklich Schritt halten kann. Es mag ihm möglich sein, für seine eigene Person oder einen geliebten Menschen selbst einem frühen, auch gewaltsam herbeigeführten Tod einen Sinn abzugewinnen, sei es, daß er als Märtyrer einer besseren Menschlichkeit starb, sei es, daß man einfach nicht wissen konnte, wie es andernfalls mit ihm weitergegangen wäre. Jedenfalls sagt er Ja zu dem Ganzen des irdischen Lebens, zu dem als Abschluß der Tod hinzugehört. Daran konnte auch Jesu „Auferstehung" nichts ändern, an die sich zu halten für ihn nun bedeutet, daß das irdische Leben nicht alles ist, sondern es darüber hinaus ein Ziel, einen Sinn bei Gott hat, der, wie wir als in der Weltzeit Lebende sagen, unsere Vergänglichkeit überdauert.

---

geworden sind. So wirst du nicht in Schuld geraten." Im Koran, 9. Sure, 112 heißt es vom Kampf für den Glauben an den wahren Gott (Übers. v. M. Henning, Stuttgart 1960): „Siehe, Allah hat von den Gläubigen ihr Leben und ihr Gut für das Paradies erkauft. Sie sollen kämpfen in Allahs Weg und töten und getötet werden."
68 2. Mose 21, 12
69 1. Mose 4, 23-24

29. Freiheit

Ungeachtet der ontischen Abhängigkeit von Gott, ist der Mensch auf der innerweltlichen Ebene seines Lebens in der Regel frei und für sein Tun verantwortlich, so sehr ihn Schicksalsgegebenheiten einengen mögen. Verständnis dafür, daß jedes Verhalten jedes Menschen nicht anders sein kann, als es ist, muß mit der Überzeugung verbunden werden, daß jeder auch anders könnte, wenn er nur wollte. Eine praktische Konsequenz kann man aus Fatalismus und Determinismus auf der Ebene unserer Entscheidungen nicht ziehen. Für den Christen ist Gottes Gebot eine allem eigenen Tun vorgegebene verbindliche Aufgabe, die zu versäumen niemandem freisteht.

Freiheit heißt aber auch, daß der Mensch das Gebot übertreten kann und Gott ihn nicht daran hindert. Er ist das Wesen, das im Gegensatz zum Tier wissen müßte, was gut und böse ist, und es oft gerade nicht weiß, sehen muß, wie es eine Richtlinie für sein Verhalten findet, und erlebt, daß diese und sein natürliches Verlangen oft nicht im Einklang sind.

30. Gut und Böse

Im Menschen findet sich das Gute und das Böse. Von alters her verstand man ihn und die ganze Welt als Kampfplatz beider, die man sich als zwei übermenschliche Mächte vorstellte. Unklar blieb, ob beide gleichrangig sind oder es eigentlich nur die gute göttliche Macht gibt und es sich bei dem anderen lediglich um ein Negativum, Verfehlen des Guten, etwas in der Welt eigentlich nicht Vorgesehenes handelt. Indem der eine große Gott, wie ihn Zarathustra verkündete, mit Bösem nichts zu tun haben durfte, wurde aus dem Monismus ein Dualismus. Im Hiobbuch ist der Satan einer der Gottessöhne.[70] Seine Verleumdung des Menschen bei Gott und dessen Verleumdung bei dem Menschen (indem dieser ihn als grausam und ungerecht erlebt) durchschaut der Leser – gleichsam mit den Augen Gottes – als Trug.[71] Im Johannes-Evangelium ist der Gegenspieler Jesu Christi noch der „Fürst dieser Welt", vor Gott aber in Wahrheit schon gerichtet.[72] Und der Visionär der Offenbarung des Johannes schaut den noch ausstehenden Endkampf, in dem der auferstandene Christus die Gegenmacht nie-

---

70 Hiob 1, 6
71 Der „Teufel" = διάβολος (diabolos) = Verleumder (der eine Unwahrheit als Tatsache ausgibt) des Menschen bei Gott: Hiob 1, 9-11; 2, 4-5, mit dem Ergebnis, daß Gott in den Augen des Menschen als ungerecht und grausam erscheint: z.B. 7, 11-21
72 Johannes 12, 31

derringt.[73] Nach den altbabylonischen Mythen liegen in der Welt die göttlichen Mächte des Lichtes, der Menschenfreundlichkeit auf der einen und der Finsternis, der Zerstörungswut auf der anderen Seite miteinander im Kampf, wird für den Menschen dem Chaos aber der Raum einer guten Ordnung abgerungen, in dem er leben kann[74] und – so dann in der „Orestie" des Aischylos – auch den unheilvollen Mächten den nötigen Respekt zollt.[75]

In den auf solche Weise mythisch gekennzeichneten Rahmen fügt sich die Suche der Alten nach ethischer Orientierung an dem, was wir anthropomorph den „Willen" Gottes nennen, der durch Gebote festlegt, wie wir uns verhalten sollen. Das ist ein anderer Wille Gottes als derjenige, durch den in der Welt nichts geschehen kann, was er nicht gewollt hat, einer, der dem Menschen abverlangt, daß er sich anders und zwar besser verhalte, als es anscheinend mit Billigung Gottes in der Menschenwelt allgemein zugeht. Unter den altgriechischen Philosophen, die – was der biblischen Tradition fremd war – das mit unseren Begriffen Gemeinte rational zu analysieren begannen, lehrten die Stoiker, das Ziel sei das „ὁμολογουμένως τῇ φύσει ζῆν":[76] Sicheinfügen in das, was im Rahmen der Ordnung der gesamten Natur die besondere Natur des Menschen sei. Und Heraklit, an dessen Lehre die Stoiker anknüpften, hatte verkündet, die φύσις, die für ihn zugleich der λόγος, das Weltgesetz war und man mit dem obersten Gott Zeus identifizieren dürfe, walte in der Welt und im Menschen in der Form eines Krieges der Gegensätze.[77]

Der Mensch kann auch nach unserem heutigen Verständnis in der Tat nicht anders existieren als im Rahmen der Natur, nämlich der teils leblosen, teils lebendigen Umwelt, und ist darauf angewiesen, daß sie erhalten bleibt. Aber er erscheint in ihr als Störfaktor, indem er die vorhandenen, in ihr ab- und anbaubaren Schätze verschwendet, sie verunreinigt und durch seine Eingriffe – besonders radikal und mit nicht absehbaren langfristigen Folgen durch die Atomspaltung – gefährdet. Gegenüber den Tieren muß er offenkundig als Herr der Schöpfung agieren, der sich die Erde untertan macht,[78] indem er die ihn bedrohenden – Raubtiere, Insekten, Bakterien, Viren – bekämpft und sich von anderen, dem Schlachtvieh, ernährt. Wir nutzen die Natur, möglichst ohne sie gegen uns auf-

---

73 Offenbarung 19, 11-16
74 Im Sieben-Tafel-Epos Marduk gegen Tiamat, im Gilgamesch-Epos Ea gegen Enlil bzw. Ischtar
75 2. Haupt- und Schlußszene (566 ff bzw. 778 ff) der „Eumeniden"
76 = in Übereinstimmung mit der Natur leben. So bei Kleanthes (+ wohl 232/1 v. Chr.), der die Formel des Begründers der Schule (Zenon, ca 336-264 v. Chr.) um das „τῇ φύσει" ergänzte (nach Max Pohlenz: a.a.O.: Anm. 4: I, 116 f, II, 67).
77 Fragmente 1, 53 und 32
78 1. Mose 1, 28

zubringen, bleiben aber zu einem Teil doch ihren Gewalten ausgeliefert. Und wenn wir an das zwar für uns in unvorstellbarer Ferne liegende Ende unserer Galaxie und der Welt insgesamt denken, die zugrunde gehen werden, wie sie einst entstanden sind, so verstehen wir, daß die biblische Verheißung, die Sintflut werde nicht wiederkehren, nur für die Zeit, „solange die Erde steht",[79] ausgesprochen wurde.

Indem wir zweifeln, ob dieser Zustand auch nur so lange vorhalten wird, und befürchten, daß irgendwelche Fanatiker, die allein sich für gut halten, versuchen werden, die bösen anderen zu vernichten, orten wir – den Alten ähnlich – die Wurzel des Bösen in der Menschennatur als einer unbeherrschbar schicksalhaft in der Weltgeschichte waltenden Macht, sei es, daß wir an unsere zum Teil geistwidrige Triebstruktur, der die Instinktsicherheit der Tiere fehlt, sei es, daß wir an unser unvermeidliches Machtstreben denken, d.h. daran, daß sich jeder an seinem Platz behaupten und durchsetzen will und muß, und an die damit verbundene Angst, daß dies mißlingen könnte. Christliche Ethik geht, dies in Rechnung stellend, davon aus, daß „das Dichten und Trachten des menschlichen Herzens .. böse" ist „von Jugend auf".[80] Aber sie deutet, daß in der Bibel Gott mit eben dieser Begründung, mit der er die Sintflut über die Menschen kommen ließ, verheißt, sie solle nicht wiederkehren, als Zutrauen zu diesen, daß sie – der Gefahr und ihrer eigenen Verantwortlichkeit bewußt – mit Hilfe der Weisungen Gottes dem Guten, soweit es nur geht, zum Durchbruch verhelfen würden. Luther, nach dem der Mensch sich nicht aus freien Stücken für den Gehorsam gegen Gottes Gebote entscheiden kann, er werde entweder von Gott oder aber vom Teufel geritten, lehrte doch nur die „einfache Prädestination": Das ewige Heil könne man allein durch die Gnade Gottes erlangen, nicht durch eigene Leistung; für das Böse und dafür, daß er Gottes Gericht verfalle, sei niemand als der Mensch selbst verantwortlich.[81] Er kann sich, wenn er es unterläßt, das ihm mögliche Gute zu tun, nicht mit der Weltmacht des Bösen oder gar Gottes rätselhaftem Ratschluß entschuldigen. Die Ethik haben wir von dem Nachdenken über die Theodizee zu lösen. Gott ist nicht gut im Sinn unserer Ethik, sondern heilig. Und der Mensch vergeht sich mit seinen Unrechttaten nicht an Gott, sondern am Mitmenschen.[82] Mit dem Gedanken an das Jüngste Gericht meinen wir nicht, Gott werde sich für ihm angetanes Unrecht rächen, sondern daß vor seinen Augen offenbar ist, wie es mit unserem Tun und Lassen des Guten wirklich steht.

---

79 1. Mose 8, 21-22
80 1. Mose 6,5; 8,21
81 M. Luther: De servo arbitrio, 1525, XVIII, 634-635 der Weimarer Ausgabe
82 Fr.-M. Voltaire: Artikel „Vom Guten" im Dictionnaire philosophique II (1764)

Christliche Ethik verbindet mit der Diagnose, der Mensch sei böse, das ihm offenbar auch von Gott selbst erwiesene Zutrauen, daß er ein – und sei es ein erziehungsbedingt verschüttetes oder ein skrupulös verengtes – „Gewissen" hat: um seine Verpflichtung zu verantwortlichem guten Handeln weiß, jeder im Grunde der Forderung der „Gebote Gottes" recht gibt, auch dem anderen zu gestatten und ihm dabei zu helfen, daß er sich des für seine Entfaltung benötigten Raums „bemächtigt". Auch die „reine praktische Vernunft", der „absolute Geist", Orientierung am Sittengesetz bei möglichst genauer Kenntnis der zu berücksichtigenden Gegebenheiten[83], womit wir uns über Machtstreben, Angst und Triebe erheben, ist in uns angelegt und – erreichter oder unerreichter – Zielpunkt unserer gewissensmäßigen seelischen Bindung.

Mit der Berufung Luthers auf Gottes Heil spendende Gnade aber überschreitet der christliche Glaube den Horizont der Orientierung an der Naturordnung der Welt, faßt die ethische Bedeutung der ontischen Bedingtheit des Menschen durch Gott ins Auge, die wir anerkennen müssen, ohne bei der Verantwortlichkeit des Menschen Abstriche zu machen, und fordert auf, sich mit denen zusammen zu tun, durch die sich Gott den Mitmenschen als der sie Liebende zeigen möchte.

31. Zwischen Natur und Technik

Dank unserer Willensfreiheit gehören Eingriffe unsererseits in die „natürlichen" Abläufe, gehört das Organisieren, τέχνη,[84] Technik zur Natur des menschlichen Lebens. Wir können, selbst wenn wir es wollten, insofern die uns umgebende und unsere eigene Natur nicht ungestört ihren Lauf nehmen lassen. Daher ist „ὁμολογουμένως τῇ φύσει ζῆν" und dem „Willen Gottes" gleichzeitig in dem einen und in dem anderen Sinn dieses Begriffes zu unterstehen für uns eine Aufgabe. So verstandene Technik fängt nicht erst bei den heutigen Verkehrsmitteln an, bei der Befreiung von Arbeit durch rationalisierte maschinelle Fabrikation, der Regelung von Besitz- und Leistungsverhältnissen mittels des Geldes, der durchgeplanten, möglichst gerechten Verteilung finanzieller Mittel an Bedürftige, bei den modernen Errungenschaften auf dem Gebiet der ärztlichen Kunst oder bei den heute hochentwickelten Verfahren des Kampfes gegen Bedrohung durch Feinde. Und die ethischen Probleme werden auch mit den Fortschritten der Technik, die unser Leben erleichtern, nicht einfacher, sondern komplizierter. Die Erfindungen z.B. in der Medizin, Wirtschaft und Bekämpfung von Feinden können unvorher-

---

83 s.o.: S. 37
84 = Kunst, Kunstfertigkeit, Kunstgriff

gesehene Folgen haben. Die Frage der künstlichen Verlängerung des Lebens und eines würdigen Sterbendürfens z.b. können wir heute jedenfalls nicht durch eine allgemeine Regel, nur im konkreten Fall bei bleibender Unsicherheit mit Liebe zu beantworten versuchen. Für all das gibt es in der Bibel kein eindeutiges Gebot Gottes. Es heißt hier weder „Jeder Eingriff ist verboten" noch „Du darfst alles". Unsere Richtschnur ist „das Beste für den jeweils betroffenen Menschen", wobei es um dessen „Gesundheit" und „Wohl" nicht nur im körperlichen Sinn geht, sondern auch um seine Entfaltung zu reifer, verantwortungsbewußter Menschlichkeit und um ihn als Person „sub specie aeternitatis".[85] Auf der Basis genauer Kenntnisse muß er immer besser herausfinden, wie er in einer solchen Perspektive Herr seiner Technik und aller Organisation bleiben und dabei die ihn umgebende Natur, in die er hineingehört und von der er abhängt, mit der gebotenen Ehrfurcht behandeln kann. Nicht Rubrifizierung bestimmter Techniken als verwerflich, um gegen sie militant vorzugehen, ist die Aufgabe, sondern ein Ringen um die geistige Einstellung der mit der Entwicklung und Anwendung der Techniken Befaßten und von ihr Betroffenen. Nicht gilt es z.b., Raketen oder Bomben direkt unschädlich machen zu wollen (wodurch vielleicht deren Einsatz ausgelöst würde), sondern, die Geisteshaltung der Menschen zu verändern, deren Symbol sie sind. Den Menschen muß es abgerungen werden, daß sie die Technik möglichst zum Positiven wenden und manche ihrer Entwicklungen bremsen.

32. Die Gesetze des Pentateuchs

Der Kern der christlichen Ethik, die den Willen des Gottes Israels erfüllen möchte, stammt aus dem Pentateuch. Und doch hebt sie sich deutlich ab von dem Geist, den die Wiedergabe der Gesetze in diesen alttestamentlichen Büchern insgesamt atmet. Denn auf der einen Seite verbinden sich in ihnen mit Regelungen des bürgerlichen Lebens wie Gerichtsbarkeit, Erbrecht, Geldverleih- und Eigentumsfragen[86] eine Fülle kultischer Vorschriften, die die Priester, die Stätte des Gottesdienstes, die Opfer, den Sabbat und den Festkalender betreffen,[87] was beides wenig Berührungspunkte mit unserem heutigen Leben hat. Alles wird unter dem kultischen Gesichtspunkt gesehen. Und zum andern erscheint uns die

---

85 Nach einer bekannten Wendung bei B. Spinoza (Ethik, 5, 31): „unter dem Gesichtspunkt der Ewigkeit", etwa = „mit den Augen Gottes betrachtet"
86 z.B. 2. Mose 23, 1-3; 3. Mose 19, 15-16 bzw. 4. Mose 27, 1-4; 36, 1-9; bzw. 2. Mose 22, 24; 5. Mose 23, 20 f bzw. 19, 14
87 z.B. 3. Mose 21 bzw. 17, 1-9; 2. Mose 25-31 bzw. 3. Mose 22; 4. Mose 28-29 bzw. 3. Mose 16; 23; 5. Mose 16

Ausrichtung und die hier für die Durchsetzung der Heiligungsregeln aufgebotene Energie und Härte äußerst befremdlich. Vergehen gegen kultische und zivile Vorschriften gelten in gleicher Weise als Versündigungen gegen Gott,[88] Verunreinigungen, deren sich dessen auserwähltes Volk nicht schuldig machen darf,[89] als Böses, das aus diesem Volk getilgt werden muß.[90] Unrein wird man beispielsweise durch Hinwendung zu Zauberei, Zeichendeuterei, falschen Propheten,[91] durch Berührung von Leichen,[92] durch den Genuß „unreiner Tiere"[93] oder von Blut,[94] durch körperliche Gebrechen,[95] durch Aussatz,[96] durch Samenerguß und Menstruation,[97] und vor allem durch alles, was als sexuelle Verfehlung betrachtet wird: Ehebruch,[98] Inzest,[99] Vortäuschung noch bestehender Jungfräulichkeit,[100] homosexuelle Praktiken,[101] Geschlechtsverkehr mit Tieren,[102] was fast alles mit dem Tod bestraft werden soll, in einigen Fällen durch Steinigung,[103] in anderen durch Verbrennen.[104] Auch das Abschlagen der Hand kommt da im Alten Testament vor.[105] Gesteinigt werden sollen auch ungeratene Söhne.[106] Und als verunreinigt gilt das Land auch, solange ein zum Tod Verurteilter am Galgen hängt.[107] Die Härte des Vorgehens setzt sich fort in der Behandlung im Krieg besiegter Völker, an denen zum Teil der Bann, d.h. die Tötung alles Lebenden vollzogen werden soll.[108]

Positiver erscheint uns anderes im Pentateuch: die strengen Regeln gerechter Gerichtsbarkeit, bei der es Bevorzugung, Rechtsbeugung und Bestechung

---

88 4. Mose 5, 6
89 z.B. 3. Mose 11, 44; 15, 31
90 z.B. 5. Mose 13, 6; 17, 7; 17, 12
91 3. Mose 19, 31, 5. Mose, 13, 2-6
92 3. Mose 21, 1. 11
93 3. Mose 11
94 3. Mose 17, 10-12. 19, 26
95 3. Mose 21, 17-21
96 3. Mose 13
97 3. Mose 12 und 15
98 3.Mose 20, 10; 5. Mose 22, 22
99 3. Mose 18, 6 ff
100 5. Mose 22, 20 f
101 3. Mose 18, 22
102 3. Mose 18, 23
103 z.B. 5. Mose 22, 21
104 z.B. 3. Mose 20, 14
105 5. Mose 25, 11 f
106 5. Mose 21, 18-21
107 5. Mose 21, 22 f
108 5. Mose 20, 12 ff

nicht geben darf,[109] das Gerechtigkeitsprinzip der Bestrafung nach der Regel „Auge um Auge, Zahn um Zahn",[110] Bestimmungen zugunsten der Schwachen, Armen, Witwen, Waisen und Fremden,[111] obgleich die Ahndung von Vergehen, durch die Sklaven betroffen werden, nicht so streng ausfallen soll wie bei der Schädigung freier Bürger.[112] Es gibt Freistellungen vom Kriegsdienst für frisch Verheiratete oder solche, die sich gerade ein Haus gebaut, einen Acker oder Weinberg angelegt haben.[113] Das Erlaßjahr, in dem – wenn auch in großen zeitlichen Abständen – Verschuldete mit einem Schuldenerlaß rechnen dürfen,[114] erscheint uns als sozial, das Sabbatjahr, in dem die Äcker und Weinberge nicht bebaut werden sollen,[115] als umweltfreundlich.

Und schließlich sind es im Pentateuch nicht nur die zehn Gebote,[116] die für das Verhalten des Menschen in seiner ontischen Abhängigkeitsbeziehung zu Gott viel knappere Forderungen aufstellen – hier findet sich auch die wichtigste, gedrängteste Fassung des Gebots der Liebe zu Gott [117]- und sich für das Verhalten zu den Mitmenschen auf den Schutz der Unversehrtheit des Lebens und des Eigentums, die Forderung der Treue und Zuverlässigkeit in Wesen und Worten, besonders im Verhältnis zwischen den Geschlechtern und den Generationen sowie vor Gericht konzentrieren. In einem solchen Zusammenhang außerhalb des Dekalogs erscheint im Alten Testament das Gebot: „Du sollst deinen Bruder nicht hassen in deinem Herzen, ... Du sollst deinen Nächsten lieben wie dich selbst; ..." und sogar im Blick auf den „Fremdling", der „bei euch wohnt": „Du sollst ihn lieben wie dich selbst".[118]

33. Antike Tugend-Lehre

Die vorchristliche antike Philosophie konkretisierte den Gedanken, daß man sich nach der Regel der Ethik in die φύσις einzufügen habe, durch die Benennung von Tugenden, die es zu verwirklichen gelte. Protagoras nannte unter ihnen auch die Frömmigkeit.[119] Sie schien ihm aber beinahe nur ein anderer Name für die Ge-

---

109 2. Mose 23, 1-3.6. 8, 3.Mose 19, 15 f
110 2.Mose 21, 23-25; 5. Mose 19, 21
111 2. Mose 22, 20 ff; 23, 9; 3. Mose 19, 9-10; 5. Mose 24, 19-22
112 2. Mose 21, 20. 26; 3. Mose 19, 20
113 5. Mose 20, 5-9. 24, 5
114 3. Mose 25, 8 ff
115 3. Mose 25, 1-7
116 Dekalog: 2. Mose 20, 1-17; 5. Mose 5, 6-21; daneben z.B. 3. Mose 19, 2-4. 11-16
117 5. Mose 6, 5
118 3. Mose 19, 17-18. 33-34
119 ὁσιότης, so nach Platons Darstellung im Dialog „Protagoras"

rechtigkeit. Und so ist wohl auch Platon selbst zu verstehen, wenn er zwar nur Weisheit, Tapferkeit, Besonnenheit und Gerechtigkeit als Kardinaltugenden vorstellt, aber doch als etwas, womit man „vor Menschen und Göttern" bestehe.[120] Wahre Religion ist ihm Ethik. Und die ist bei ihm gegenüber dem biblischen Denken aufklärerische „Reflexion" im strengen Sinn des Wortes, die sich auf das zurückbezieht, was wir eigentlich tun, wenn wir uns gerecht oder ungerecht zu den Mitmenschen verhalten, eine Ethik des Sichdistanzierens, Abstandnehmens, Sichlösens vom unbedachten Drauflosleben. So erscheint bei den Stoikern Einsicht[121] als Haupttugend. Und so wird Tapferkeit entgegen der These, gerade die sehr Gottlosen, Ungerechten, Zügellosen und Unweisen seien tapfer, als zuverlässiges, „waschechtes" Festhalten an dem Wissen, was man tatsächlich zu fürchten, wogegen man sich tatsächlich zu wehren habe, gedeutet.[122] Ziel solcher Ethik ist in Abwandlung des sophistischen Angebots, zu lernen, wie man die schwächere Sache zur stärkeren machen kann[123] (was im Griechischen auch bedeuten kann: die schlechtere Sache zur besseren erklären): daß man Besonnenheit lerne, statt den Lüsten und Gelüsten unterlegen, schwächer als sie, deren Beherrschung, stärker als sie zu sein.[124] Verfeinert hat die Tugend-Lehre Aristoteles, der die von ihm sogenannten „ethischen" Tugenden jeweils als Mittleres zwischen in der betreffenden Hinsicht möglichem Übermaß und Mangel beschrieb: z.B. bezüglich des Mutes und der Angst Tapferkeit zwischen Tollheit und Feigheit, bezüglich Lust und Schmerz Besonnenheit zwischen Zügellosigkeit und Stumpfheit, bezüglich des Gebens und Nehmens von Geld Großzügigkeit zwischen Verschwendung und Kleinlichkeit, bezüglich der Ehre und Ehrlosigkeit Großgesinntheit zwischen Eitelkeit und Kleinmütigkeit, bezüglich des Zorns Milde zwischen Jähzorn und Schwächlichkeit.[125] Von einer Vorschaltung religiös-

---

120 Platon: Politeia, Buch IV: σοφία, ἀνδρεία, σωφροσύνη, δικαιοσύνη. In Buch X läßt er Sokrates, nachdem er von den „Kampfpreisen und Belohnungen und Gaben" gesprochen hat, „die dem Gerechten schon in diesem Leben von Göttern und Menschen verliehen werden" (614 a), im Schlußmythos des Werkes ausführen, „was beide, den Gerechten und den Ungerechten, nach ihrem Tode erwartet".
121 φρόνησις
122 Politeia, 429 b-c: eine Kraft der Bewahrung (σωτηρία), zu bewahren (σώζειν) die (richtige) Meinung über das, was man fürchten muß (δόξαν περὶ τῶν δεινῶν); Platon: Protagoras, 360 d: Tapferkeit als Wissen über das zu Fürchtende und nicht zu Fürchtende (σοφία δεινῶν καὶ μὴ δεινῶν)
123 Nach Aristoteles: Rhetorik, B 24, 1402 a 23: τὸν ἥττω λόγον κρείττω ποιεῖν, nach Platon: Protagoras, 318 b mit dem Ziel, wirklich „besser" (βελτίων) zu werden.
124 Nach Platon, Protagoras, 357 c und Politeia, 430 e - 431 a: schwächer, unterlegen sein = ἥττων εἶναι, ἡττᾶσθαι, stärker, überlegen sein = κρείττων εἶναι, κρατεῖν, ἐγκράτεια
125 Aristoteles: Nikomachische Ethik II, 7: das Mittlere = ἡ μεσότης zwischen Übermaß = ὑπερβολή und Mangel = ἔλλειψις

kultischer Vorschriften vor die ethischen Handlungsanweisungen ist hier nirgends die Rede. Und das blieb so auch in der bis in unsere Gegenwart hinein christlich geprägten Philosophie des Abendlandes, auch noch bei Kant, wenn er wie die Prinzipien unserer Erfahrung der physikalischen Wirklichkeit (Raum, Zeit, Kategorien) so auch das unserer moralischen Orientierung (den kategorischen Imperativ) als im Wesen unserer Vernunft wurzelnd erklärte.

34. Das Ideal der christlichen Ethik

Christliche Ethik hat denn auch nichts mehr mit Vorschriften für den im Tempel zu vollziehenden Opfer-Gottesdienst zu tun. Sie konzentriert sich, allerdings mit Berücksichtigung des ontischen Verhältnisses, in dem sich der Mensch zu Gott befindet, und der Wahrheit, die der Gedanke vom Opfertod Gottes in Jesus enthält, auf die innerweltlichen sittlichen Aufgaben. Da verlangt sie Neutralität von uns im Sinn des Wortes, daß wir vollkommen sein sollen wie Gott, der seine Sonne aufgehen läßt über die Bösen und über die Guten.[126] Christliche Ethik ist in diesem Sinn sachlich, prüft Recht und Unrecht nach Sachgesichtspunkten, sucht alles zu verstehen, um es, wenn nötig, auch kritisieren zu können. Christliche Ethik ist (nach der Terminologie Jacobys) Ethik des „absoluten Geistes", wobei Losgelöstheit von Motivverstrickungen in der Welt nicht als absolute Freiheit, sondern als Bindung an Gott verstanden wird. In der Welt höchste Form der Autonomie, ist sie dann in Wahrheit Theonomie. Das „Sonderliche",[127] das sie dem Menschen abverlangt, ist, daß er die Freiheit besitze, auf die „Aktionen" der Mitmenschen nicht einfach zu „re"-agieren. Der Christ ist verläßlich nicht durch eine Charakterfestigkeit, die ihn auf immer dasselbe Verhaltensmuster festlegt, sondern durch die gleichbleibende Liebe, die sich auf die jeweils neuen Gegebenheiten einstellt. Denn das Grundgesetz der christlichen Ethik ist das Herzstück der Pentateuch-Gesetzgebung: auf der Grundlage der Liebe zu Gott die Liebe zum Mitmenschen, ja sogar zum Feind.[128] Sie schließt den Mitmenschen

---

126 Matthäus 5, 45-48; „vollkommen" = τέλειοι
127 Nach Matthäus 5, 47: „Und wenn ihr nur zu euren Brüdern freundlich seid, was tut ihr Sonderliches („περισσόν" = Überschießendes, Überschüssiges)?" D. Bonhoeffer in Nachfolge, Lizenzausgabe der Ev. Verlagsanstalt Berlin, 1954, 119 nannte es das „Außerordentliche")
128 Markus 12, 29-31 mit Übernahme von 5. Mose 6, 4-5 und 3. Mose 19, 18: „Das vornehmste Gebot (ἐντολὴ πρώτη) ist das: ‚Höre, Israel, der Herr, unser Gott, ist allein der Herr, und du sollst Gott, deinen Herrn, lieben von ganzem Herzen, von ganzer Seele, von ganzem Gemüte und von allen deinen Kräften' Das andre ist dies: ‚Du sollst deinen Nächsten lieben wie dich selbst.'"

ins Herz, nimmt ihn als jemanden, der seinen Wert in sich selber hat, seinen Weg so selbständig und frei gehen möchte wie man selbst, und versteht ihn und sich als abhängig von- und angewiesen aufeinander. Sie folgt der Logik der Goldenen Regel[129]: Durch mein Verhalten dem anderen gegenüber lasse ich ihn wissen, wie er sich mir gegenüber verhalten soll. Und wo immer – z.B. zwischen Frau und Mann, Jüngeren und Älteren, in der Wirtschaft, Arbeits- und Wohnverhältnissen – die Abhängigkeit einseitig ist, habe der dominierende Partner auf das Wohl auch des anderen bedacht zu sein.

Maßgeblich für uns ist, was – anthropomorph gesprochen – Gott selbst will, nicht die Fassung, die Menschen seinen Geboten gaben. Diese wird so relativiert und zugleich radikalisiert, nämlich von ihrem Sinn her verstanden, der uns mehr abverlangt als der Wortlaut. So verlangt unser fünftes Gebot Liebe anstelle von Zorn, Haß und Verachtung, nicht nur Vermeidung des Äußersten, das ein Mensch dem anderen antun kann, indem er ihn umbringt.[130] Und nach nicht wenigen Geboten des Pentateuchs kann man sich überhaupt nicht mehr richten, wenn man sie in der aus der Antike hervorgegangenen Tradition der Aufklärung von ihrem eigentlichen Sinn her zu verstehen versucht. Sogar den so wichtigen Maßgaben der Gerechtigkeit und Wahrhaftigkeit entspricht man z.B. unter den Bedingungen einer rassistischen, diktatorischen Gewaltherrschaft[131] oder als mit Diagnosen unheilbar Kranker befaßter Mediziner unter Umständen nur, wenn man sie – äußerlich gesehen – verletzt. Christentum ist nicht Prinzipienreiterei, auch nicht Treue, Gerechtigkeit, Wahrhaftigkeit, Lebens- und Friedenserhaltung aus Prinzip, sondern eine Methode für den Umgang mit den Mitmenschen und den tatsächlichen Situationen des Lebens im Bereich von Natur und Technik im Geist der Liebe. Endlich schließt die Orientierung am Sinn der Gebote Gottes auch ein, daß für neu auftretende Probleme erst Gebote formuliert werden müssen, die sich in der Bibel nicht finden. Wir müssen die Konzentration des Dekalogs auf den Schutz der Unversehrtheit des Lebens und des Eigentums, Treue und Zuverlässigkeit in Wesen und Worten, besonders zwischen den Geschlechtern und Generationen sowie vor Gericht durch Regeln ergänzt denken, die z.B. technische Errungenschaften, Wirtschafts- und politische sowie Umwelt-Probleme betreffen.

Christliche Theologen haben den platonischen Katalog der Tugenden durch die christliche Dreiheit von „Glaube, Liebe, Hoffnung" ersetzt (Ambrosius)[132] oder

---

129 Matthäus 7, 12: „Alles nun, was ihr wollt, daß euch die Leute tun sollen, das tut ihnen auch!"
130 Matthäus 5, 21-37
131 Vgl. Johannes Hamel: Christ in der DDR, Zeitbuchreihe „unterwegs", 1957
132 De officiis ministrorum.

ergänzt (Albertus Magnus)[133] und damit den fehlenden Jenseitsbezug in ihn hineingebracht. Nach Kant stimmt das „Liebe Gott über alles und deinen Nächsten als dich selbst" sehr wohl mit seiner Lehre vom „kategorischen Imperativ" zusammen. „Denn es fordert .. als Gebot Achtung für ein Gesetz, das Liebe befiehlt, und überläßt es nicht der beliebigen Wahl, sich diese zum Prinzip zu machen." Aber „Gott lieben" heißt für Kant lediglich „seine Gebote gerne tun".[134] Was es mit dem ontischen Gottesbezug in der christlichen Ethik auf sich hat, bleibt unerörtert. In seiner Religionsschrift tragen zwei Abschnitte die Titel: „Der Kirchenglaube hat zu seinem höchsten Ausleger den reinen Religionsglauben", den er als auf die Ethik gerichteten und beschränkten „bloßen Vernunftglauben" kennzeichnet, und „Der allmähliche Übergang des Kirchenglaubens zur Alleinherrschaft des reinen Religionsglaubens ist die Annäherung des Reichs Gottes",[135] das hier wiederum nichts anderes meint als das Zur-Macht-Kommen der christlichen Ethik.

35. Verwirklichung

Nachdem der Mensch mit der Freiheit begabt ist, gibt es für ihn nur eine einzige Methode, dem Guten zum Sieg über das Böse zu verhelfen: geistige Klärung, was wohl jeweils das Gute wäre, ein dementsprechendes vorbildliches Verhalten sowie – was vielleicht noch weniger garantiert werden kann – gerechte Gesetzgebung, Rechtsfindung und -durchsetzung durch Gerichtsverfahren. Wenn wir die Antwort auf die Frage, was das Gute sei, jeweils gemäß Jesu radikalisierender Auslegung der zehn Gebote suchen und diese der Maßstab für Gottes Jüngstes Gericht ist, sind wir darauf angewiesen, von ihm unverdient begnadigt zu werden. Keineswegs können wir das Gute, vorausgesetzt, wir wissen im konkreten Fall, worin es besteht, durchsetzen, indem wir nach der Regel der „alten Ethik" verdrängen, daß wir dieser Norm selbst nicht genügen, und „das Böse" in Menschen oder ganzen Bevölkerungen bekämpfen, die wir zu Sündenböcken stempeln.[136] Wir haben uns einzugestehen, daß wir die geforderte Orientierung am absoluten Geist, unsere Geistnatur, die das Gute möchte, auf der einen, und die psychophysischen Regungen unseres Leibeslebens, die wir laut neuer Ethik

---

133 Summa theologiae II, 103, 1; die platonischen Tugenden als prudentia, iustitia, fortitudo und temperantia
134 Kant: Kritik der praktischen Vernunft, A 147
135 Kant: Die Religion innerhalb der Grenzen der bloßen Vernunft, A 149; 137/8; 157
136 E. Neumann, a.a.O.(Anm. 32), 37 ff, 58; Fischer-TB 38 ff, 61.

nicht verleugnen dürfen, auf der anderen Seite als Zwiespalt erleben.[137] Wir müssen lernen, das Menschenlos im allgemeinen und uns selbst als die aus Körper, Trieben und Seele, aus Licht und Schatten bestehenden Wesen, die wir sind, zu akzeptieren. Pauschale Schuldbekenntnisse und gute Vorsätze, mit denen wir uns das wirkliche Ja zum eigenen Schatten ersparen, helfen nicht. Wir können nicht gleichsam von einer Position des Unvermögens und des Fehlverhaltens, die wir uns zum Vorwurf machen, zu einer Position des nach gleichem Maßstab befriedigenden, idealen Verhaltens fliegen, sondern müssen den Weg von jener zu dieser von dem Punkt aus suchen, an dem wir in unserer seelischen Entwicklung wirklich stehen, und Schritt für Schritt gehen, ohne uns und den anderen, auf die wir – gewollt oder ungewollt – einwirken, die Verpflichtung auf das Ideal ganzheitlich seelischer Reifung und die wechselseitige Hilfe dazu durch gesellschaftlichen Druck zu ersparen. Das ist zum Teil ein Kampf gegen Dummheit und Trägheit: Gesinnungsethik genügt nicht. Es kommt auch auf den Erfolg unseres Tuns an, auf Klugheit, die die Folgen bedenkt, und die dafür jeweils nötige Sachkenntnis.

Im Sinn des psychoanalytischen Denkansatzes der „neuen Ethik" lautet die Weisung: Erfasse und bejahe dich in den Regungen deines wahren Wesens, so wirst du dich als jemanden entdecken, der auch die anderen liebevoll verstehen und auf die Lebensanforderungen emotional, kreativ und konstruktiv reagieren kann. In der Sprache des Glaubens: Gott nimmt es auf sich, daß der Mensch ihm die Schuld an seinen eigenen üblen Taten und Unterlassungen zuweist, aber verdammt ihn nicht deshalb, sondern schenkt ihm seine Liebe, mit der er uns – grundlos – zuerst geliebt hat, eine Gnade, die nicht nur uns begnadigt, sondern eine uns erfüllende Kraft ist, die uns zum Tun befähigt:[138] Nimm ernst und fasse Vertrauen zu Gott, daß er dich liebt, erwidere so seine Liebe, schenke sie auch deinen Mitmenschen und tue, was du willst![139] Die Liebe läßt uns alles mit anderen Augen sehen, verwandelt uns und unser Tun. Wir sehen dann die Ungereimtheiten des Lebens nicht mehr als Ungerechtigkeiten Gottes, sondern als Anlässe, aus denen er den Mitmenschen durch uns seine Güte erweisen will. Aus konkretem Weltwissen, Erfahrungen, Liebe zum Mitmenschen, der Bereit-

---

137 Im Sinn von Römer 7, 18-19: „Wollen habe ich wohl, aber vollbringen das Gute finde ich nicht. Denn das Gute, das ich will, das tue ich nicht; sondern das Böse, das ich nicht will, das tue ich." (das Gute = τὸ καλόν, ἀγαθόν; das Böse = κακόν).
138 χάρις; verwandt mit dem Verbum χαίρειν = sich freuen
139 Augustin: In epist. Joannis, tract. VII, 8: „Dilige, et quod vis fac!", kombiniert mit De spiritu et littera, Kap. XXIX, 51: „Per fidem confugiat ad misericordiam dei, ut det quod iubet" und Confessiones, lib. X, Kap. XXIX, 40: „Da quod iubes, et iube quod vis." (nach Anders Nygren: Eros und Agape, Lund 1930, Lizenzausg. der Ev. Verlagsanstalt Berlin 1955, 356)

schaft, selbst auf sich zu nehmen, was man anderen abverlangt, christlicher Weltüberlegenheit im Gebetskontakt mit Gott und der Demut angesichts der eigenen Weltgebundenheit mag ihm eine Instinktsicherheit erwachsen, die ihn das rechte Wort und das rechte Tun im rechten Augenblick finden läßt, so daß unmöglich Scheinendes möglich wird.

Zu akzeptieren haben wir von vornherein, wenn wir nicht als Utopisten das Gegenteil des Erstrebten anrichten wollen, daß sich die schicksalsmäßige Chancenungleichheit der Menschen weder durch Herbeiführung des Glücks für alle noch durch künstliches Aufsichnehmen schwerer Situationen (Hunger, Krankheit, soziale Ungerechtigkeit usw.) seitens der Bevorzugten beheben läßt, wir nichts anderes tun können, als an dem Platz, an dem wir stehen, das uns mögliche Gute zu bewirken. Glück, das wir für uns und die Mitmenschen erstreben, gibt es nur als Hindernisse überwindendes, dadurch befriedigendes Voranschreiten im Leben, nicht als endgültigen Besitz. Es besteht nicht nur in der Gesundheit, sondern auch im Reifen durch Erfahrungen mit Krankheit und Behinderung, nicht nur im Gelingen, sondern auch im Umgehenkönnen mit dem Versagen, nicht nur in erfüllender, befriedigender Betätigung, sondern auch darin, zu helfen, daß Arbeitslosigkeit nicht völlige Perspektivlosigkeit wird.

Dem Christen ist nicht versprochen, daß niemals Antipathie, Ekel, Angst oder Schwäche seinen Liebeswillen durchkreuzen. Auch kann er, indem er Mitmenschen unangenehme Selbsterkenntnis zumutet, in die Rolle des Sündenbocks geraten, Märtyrer werden, so klug, vorsichtig, liebevoll um sie werbend er sich ihnen auch zuwenden mag. Für uns heute und hier gehören viele kleine Unannehmlichkeiten und Konflikte, die sich im Alltag des Familien- und Berufslebens zuzutragen pflegen, zum Normalmaß der Verwirklichung christlicher Ethik. In anderen Zeiten war es, in anderen Ländern ist es gefährlicher, Christ zu sein.

Geschichtlich verdanken wir unsere ethische Formung durch das Christentum gewaltsamer, nichts anderes duldender Zuführung unserer Ahnen zu ihm und dem Umstand, daß auch wir persönlich in diese Tradition zunächst ohne unser Zutun hineingenommen wurden. Aber nicht darauf kommt es an, sondern darauf, ob wir jetzt bewußt und gern Mitwirkende der Umsetzung christlicher Ethik sind oder nicht.

36. Von Gott verordnete Institutionen

Staat und Ehe erscheinen für die christliche Sicht als zwei Beispiele von Institutionen, die den durch die Schöpfungsordnung der Natur gegebenen objektiven Rahmen ergänzen, in dem wir als Subjekte ethisch zu handeln haben. Z.T. sind sie schon im Alten Testament Bilder für Gottes Stellung zu uns Menschen.[140] Nach Paulus (im Römerbrief[141]) wird durch die „Obrigkeit" geradezu Gott selbst, nach dem Epheserbrief[142] durch den Ehepartner Christus auf Erden vertreten. Das ist ein ganz anderes Verständnis als das heutigen Gegebenheiten angepaßte rechtliche der Konstitution und Organisation des Staates und der Zivilehe. Wie für Luther der Staat „weltliche Obrigkeit" war, so die Ehe kein Sakrament, sondern ein „weltlich Geschäft",[143] aber doch beide „von Gott gegeben", so daß der Christ sie nicht nur als Rechtsordnungen des bürgerlichen Lebens äußerlich respektiert, sondern – den Staat einschließlich der vielfältigen Formen der Amtsautorität auf niederer Ebene, z.B. in Verwaltung und Bildungswesen – als etwas Heiliges und deshalb in einem viel höheren Maß Unantastbares von Herzen bejaht. Den Regierenden, Rechtsetzenden und -sprechenden, Lehrenden, Verwaltenden und Ehepartnern aber bürdet er damit eine umso höhere Verantwortung auf. Die Institutionen werden pervertiert, wenn sie als etwas, was von selbst funktioniert, oder als sichere Domäne Herrschender verstanden werden. Immer neu müssen die politisch Verantwortlichen über ihr Tun und Lassen sich und den anderen Rechenschaft geben, es erläutern, um das Vertrauen der von ihnen Abhängigen werben und die Eheleute Treue und gegenseitige Fürsorge bewähren.

Bei auch noch so großer Verachtung der äußeren Rechtsform als eines unnötigen Zusatzes zum Eigentlichen – der Liebe, Zärtlichkeit, Fürsorglichkeit, Treue zwischen zwei Menschen – verstehen wir doch die Ehe, wenn als in Gott geheiligte Ordnung, als einen starken Rückhalt für die Paare und ihre Kinder. Daran rührt, wer – auf sie verzichtend – von vornherein einkalkuliert, man könne sich nach Belieben wieder trennen. Die Institution Ehe mitsamt dem in ihr stattfindenden Streben nach Macht über- und Besitz aneinander, worin ja Aufgaben liegen, denen man sich stellen muß, wird im Christentum bejaht, auch wenn es, was die Rolle der Kirche betrifft, nicht genug ist, hilflos zuzusehen, wie die als Bund bis zum Tode geschlossenen Ehen in großer Zahl scheitern. Nicht in der Bibel zu finden ist eine wie die Ehe so auch die Liebe homosexueller Partner zueinander nicht nur rechtlich, sondern als gottverordnet auffassende Überhöhung.

Machtausübung muß und wird auf Erden immer sein. Wenn Regierung im Auftrag Gottes geschieht, muß der Christ sie stützen. Er kann es sich nicht leicht machen mit dem Vorwurf, die Politiker verdienten nicht das Vertrauen, daß sie

---

140 Gott als König z.B. 1. Samuel 12, 12; Psalm 98, 6; Gott als Ehepartner (seines Volkes) z.B. Hosea 2, 4 ff, 18, 21 f; Jeremia 2, 2
141 Römer 13, 1 ff
142 Epheser 5, 22 ff
143 M. Luther: Ein Traubüchlein für die einfältigen Pfarrherrn, 1529. Er nennt hier die Ehe geradezu einen „göttlichen Stand" im Gegensatz zum „Mönch- und Nonnenstand", der „von Menschen erdichtet oder gestiftet" worden sei.

diesem Auftrag gerecht zu werden suchen. Er wird sie als hierzu Verpflichtete ernst nehmen und ansprechen.

37. Politische Aufgabe der Kirche

Das Christentum in der für es – geschichtlich und wesensgemäß – konstitutiven Form der Kirche steht für eine eigene, von der weltlichen abweichende politische Linie: die Ausbreitung der Macht des christlichen Geistes als wahrer Reich-Gottes-Gesinnung.

Die Aufgaben so verstandener kirchlicher Machtdurchsetzung, die in der christlichen Familie anhebt, sind mit denen der weltlichen Politik zum Teil identisch: z.b. Erziehung und Bildung oder der Kampf gegen Not und Ungerechtigkeit aller Art. Eigentlich bedarf es dafür jeweils nur eines einzigen Systems der Führung der einen Menschen durch andere. Die kirchliche Instanz tritt nur deshalb neben die weltliche, weil staatliche Ordnung Durchsetzbarkeit durch Gewalt, Entfaltung der Geistnatur in Wissenschaft, Sittlichkeit, Kunst und Religion aber einen gegen gewaltsames Reglement abgeschirmten Spielraum erfordert. Die Trennung von weltlicher und kirchlicher Verwaltungsspitze trotz weitgehender Identität des Staats- und des Gottesvolks ist der sachgemäße Ausdruck hierfür. Und entsprechend garantieren Staaten wie die Freiheit des Geistes überhaupt, so das Recht der Kirche, sich zu Fragen von öffentlichem Belang zu äußern. Sie muß sich ihrer Rolle gegenüber dem Staat – daß sie aus der Sicht der Machthaber mit einer gewissen Narrenfreiheit ein prophetisches Wächteramt ausüben darf – bewußt sein und sie spielen, ist gegen Machtmißbrauch aber auch selbst nicht gefeit, der in vielerlei Gestalt, z.B. als doktrinäre Unduldsamkeit oder Gewissenszwang, auftreten kann. Sie sollte als ein Klerus des Geistes[144] erkunden und vertreten, was aufgrund geistiger Auseinandersetzung mit den anstehenden Problemen als wahrer Gottesgehorsam zu bezeichnen ist.

Das πολιτικόν, in das sich die Kirche einzumischen hat, umfaßt nicht nur Aktionen der Staatsorgane, sondern die Gesellschaft in ihrer ganzen Breite mit allen Kräften, die dort eine Macht ausüben, besonders auch die Wirtschaft und den Journalismus; bei den Staatsorganen namentlich die Probleme der Sicherung des Lebensstandards, der medizinischen Versorgung der Bürger, der Bürokratisierung, Finanzverwaltung und der Bewahrung der Umwelt; bei der Wirtschaft die

---

144 Anknüpfung an P. Tillich, a.a.O (Anm. 55), 284: Als Träger des Geistes einer erneuerten protestantischen Kirchlichkeit sei eine „Gruppe" erforderlich, die „nicht den Charakter einer Sekte haben" dürfte, sondern „mehr eine Art Orden oder Bund" sein müßte.

Spannung zwischen Gewinnmaximierung und Fürsorge für die in ihr Arbeitenden; beim Journalismus den Umgang mit die Sensationslust reizenden Enthüllungen in politisch sensiblen Bereichen, Respekt vor der Privatsphäre und Fairneß gegen Politiker unterschiedlicher Couleur. Die Kirche muß für all das offen, unparteiisch für Arme und Reiche, Untergebene und Leitende, Abhängige und Dominierende, Minderheiten und Mehrheiten und gegebenenfalls für Unterdrückte und Unterdrücker da sein, auch wenn sie im konkreten Fall Partei ergreift für den, dem erkennbar Unrecht geschieht. Sie wird durch Predigten, Verlautbarungen und Unterricht für die Probleme sensibilisieren und bietet für die Verständigung (z.B. in Akademien und auf Kirchentagen) Gesprächsforen. In all den angedeuteten Bereichen ist die besondere politische Linie der Kirche gefordert, durch die sie in ihrer Machtlosigkeit in der Welt doch eine Macht ausübt.

38. Politische Ethik des christlichen Bürgers

Jeder einzelne Christ repräsentiert als Staatsbürger zu seinem Teil auch die besondere kirchliche Macht. Diese Aufgabe hat er unabhängig von der Staatsform, in der er lebt. Die Demokratie scheint darauf angelegt, daß man auf die Stimme des Gewissens und Vertreter des Geistes hört, die über keine mit Gewalt durchsetzbare Macht verfügen. Doch wird dies durch den freien Wettbewerb der Demagogen, unkultivierten parlamentarischen Stil und Abstimmungsgremien ohne hinreichenden Sachverstand gefährdet. Aristokratien und Monarchien sind nicht notwendig feindliche Konkurrenten des Gottes, den wir uns bei altisraelitischem Königtum, Messiaserwartung und Jesu Predigt vom Reich Gottes als obersten König denken, jedenfalls, wenn man von der Frage absieht, durch welche Regelungen sich der Bestand einer rechtsstaatlichen Ordnung sichern läßt.

Überzeugte Christen werden, unabhängig davon, ob der Staat (und z.B. der Journalismus) die Kirche bekämpft, duldet oder fördert, Menschen sein, auf die er sich in der Verantwortung für die ihm Anvertrauten in besonderem Maß verlassen kann, liebevoll auch gegen Politiker, Polizei (und Publizisten). Wenn diese erkennbar ihre Aufgabe verfehlen, werden sie aber als ihre zuverlässigen, sich für ihr Tun und Lassen mitverantwortlich fühlenden Freunde sie auch kritisieren.

Die Normalität, in der Christen ihren Glauben politisch zu bewähren haben, ist die ihrer jeweiligen Kompetenz entsprechende Teilnahme an der Diskussion der Probleme, an denen in Staat, Gesellschaft und Völkerwelt gearbeitet werden muß, mit der Folge, daß die Durchsetzung gefundener guter Lösungen von ihnen mitgetragen wird. Sie haben in diesen Fragen und Aktivitäten ihrem Gewissen zu folgen, sich die freie Meinungsäußerung nicht verbieten zu lassen und entschieden, möglichst sachlich-liebevoll für das Recht gegen diejenigen einzutreten, die es unterdrücken. Besserwisserisches Anprangern und Fordern, aber auch vorzeitige Resignation (man könne ja doch nichts ausrichten) steht ihnen schlecht an. Darüber, wie mutig der einzelne ist und wieweit man ihn ermutigen kann, mit seinem Einsatz als Christ auch das Erleiden von Ungerechtigkeit zu riskieren, haben die Mitchristen nicht zu richten. Er darf sich nicht in den Sog einer Massenbewegung ziehen lassen, die ihn hindert, durch eigenes Denken zu von ihm selbst zu verantwortendem Handeln zu finden.

Aus diesem Blickwinkel gesehen, leben wir in unseren Breiten in einer Welt, in der in großem Stil gelingendes, glückliches Leben möglich ist, die zerstörerischen Kräfte und ihre „Erfolge" aber nach wie vor so, wie in einer funktionierenden bürgerlichen Gesellschaft die Verbrechen, die – uns freilich aufschreckende – Ausnahme sind. Allerdings ändert sich der Eindruck, wenn man, über den Rand unserer engeren Erfahrung hinausblickend die Probleme z.B. des Überlebens der immer mehr anwachsenden Menschheit, des Welthungers, des Schwindens natürlicher Ressourcen, der Gefährdung auch schon durch friedliche Nutzung der Nuklearenergie, verheerender Seuchen, der Armut und Arbeitslosigkeit bedenkt, die in größerer räumlicher und zeitlicher Nähe zu uns, als wir meinen, politische Erdbeben auslösen können: Revolutionen und wieder Kriege.

Man hat gemeint, Christen müßten als Verfechter der Reich-Gottes-Idee angesichts der weithin herrschenden unbefriedigenden oder brüchigen Lebensbedingungen – geistig durch Enthüllungen oder realpolitisch – Revolutionäre sein. Es fragt sich schon, ob Beteiligung an Protestaktionen, Demonstrationen und Streiks oder das Hinnehmen der Zustände eher zum Leitbild des Gottes paßt, der selbst auf sich nimmt, was Menschen einander antun. Eine christliche „Theologie der Revolution",[145] die um des gottverordneten Ranges staatlicher Machtausübung willen auf einen Umsturz zielt, kollidiert zumindest vordergründig mit dem Auftrag, Gottes Liebe den Mitmenschen glaubhaft zu machen, und kann niemandem eine göttliche Erlaubnis für irgendeine Gewalttat verschaffen.

Christen sagen, Krieg sei „gegen den Willen Gottes". Aber mit dieser Formel machen wir es uns zu leicht. Sie ist überheblich, als dürften wir uns über die Verstrickung in Menschenlos und Menschenschuld erhaben dünken, und geschichtlich unglaubwürdig, da sich unser Gott, der auch der der Juden und Moslems ist, nach unseren heiligen Schriften keineswegs nur friedfertig zeigte oder – in der Endzeit – zeigen wird. Die bisherige Geschichte des Christentums war kriegerisch (und das durchaus und betont auch um des Glaubens willen), und säkulare militante Bewegungen haben dies von ihm gelernt. Die Formel ist schließlich auch realpolitisch unwirksam. Gegen denjenigen Willen Gottes, aus dem wir al-

---

145 Vgl. Trutz Rendtorff u. Heinz Eduard Tödt: Theologie der Revolution, Frankfurt/M. 1968

les, was geschieht, entgegennehmen, es sei erfreulich oder verabscheuenswert, kann Krieg, solange es ihn gibt, ohnehin nicht sein.

Das Thema „Krieg und Frieden, Kriegs- und Zivildienst" beschäftigte die Christen in der Zeit des „kalten Krieges", obwohl ein wirklicher in unseren Breiten jahrzehntelang nicht ausbrach. Sollten sie wieder als Bürger in Kriege verwickelter Staaten schmerzlich die Zugehörigkeit zu ihren Völkern erfahren? Im Sinn jenes anderen Willens Gottes, von dem die dritte Bitte des Vaterunsers handelt, sahen sie es als die Aufgabe an, Kriege durch friedliche Konfliktlösungen zu ersetzen. Mit einem Rückhalt an christlichen reifen Bürgern, die im persönlichen Bereich einen solche Bewältigung ihrer Konflikte einübten, konnten sie hoffen, werde das auch Machthabern in der Politik gelingen. Die „Lösung" eines konsequenten Pazifismus, der sich der Teilnahme an kriegerischer Gewaltpolitik der Staaten entziehen und alle Christen auf diesen Weg verpflichten möchte, auf Feindesliebe im Sinn der Bergpredigt auch in der Weltpolitik, hätte eine nahezu grenzenlose Bereitschaft ganzer – womöglich massen-psychoanalytisch dafür zu disponierender – Völker, keineswegs nur der verantwortlichen Politiker, zum Erleiden von Unrecht vorausgesetzt: der sich als undurchführbar erweisende Versuch, sich als Christen aus dem Menschenlos auszuklinken, daß es Kriege zwischen den Völkern gibt.

Aber Kriege, die Völker wegen irgendwelcher Bedrohungen oder Interessenkonflikte einander erklären, bis zum Sieg des einen führen und durch einen Friedensschluß beenden, scheinen heute überholt. Die Vernunft ist jedenfalls bei uns geistesgeschichtlich über die Erwartung, daß Kriege irgend ein Volk seinem Wohlergehen näher bringen können, hinweggeschritten. Es gibt die Idee eines internationalen Völkerrechts. Auch deutsche Bundeswehrsoldaten werden weltweit zu Friedenssicherung und Wiederaufbau nach Kampfhandlungen herangezogen. Aber die Umsetzung hält sich in engen Grenzen. Man bleibt auf den guten Willen der anderen – auch unterschiedlich religiös geprägter – Völker und ihrer Führer angewiesen. Wird es gelingen, z.B. den Zugriff auf Atom- und Wasserstoffbomben stets allein hinreichend reifen verantwortungsbewußten Nationen und Machthabern vorzubehalten und ihre Mehrheit für den Weg des freiwilligen Verzichts auf diesen Zugriff zu gewinnen? Werden die Menschen in allen Völkern und Religionen die nötige Reife auf Dauer nur abendländischen demokratischen Staaten zuerkennen?

Heute scheint die Abstrafung „böser" Staaten, die den Weltfrieden stören, mittels moderner Waffentechnik sozusagen durch Knopfdruck möglich, beinahe, ohne daß dafür Soldaten den „Heldentod" sterben müssen. Aber die Verwandlung der Kriegsgefahr in ein irreales Phantom brachte die Allgegenwart des Schreckens hervor. Es gibt „ethnische Säuberungen" in multinationalen Staatsgebilden, den nirgends fest zu lokalisierenden, z.T. religiös begründeten Terrorismus, in dem anonyme Verantwortliche aus ihrem sicheren Versteck heraus am Lebenssinn Verzweifelte oder für ein angeblich verdienstvolles Märtyrertum Entflammbare zu Waffen gegen Menschen machen, die für beklagenswerte Zustände nicht verantwortlich sind, und Guerillakämpfe ohne absehbares Ende. Dem gegenüber ginge Feindesliebe, scheint es, ins Leere. Und daß es noch andere wirkliche Überlebensprobleme gibt, droht ausgeblendet zu werden, wenn sich nur der Kampf der Terroristen und Antiterroristen ins Bild drängt.

Christen dürfen sich dennoch nicht den Blick dafür verbauen lassen, daß es – wenn auch so wenig wie jedes individuelle Leben garantiert unzerstörbar – weite Regionen und Zeiträume gibt, in denen unbeschädigtes glückliches Leben gelingt. Sie haben nicht müde zu werden, Lösungen für die kleineren und größeren Probleme sowie Strategien zu erdenken, um auch an die sich am meisten dem Gespräch entziehenden Gegner – nicht nur in Staatsämtern, sondern auch in der Gesellschaft überhaupt und in der meinungsbildenden Publizistik – heranzukommen. Sie dürfen sich das Vertrauen nicht rauben lassen, daß jedem Menschen jeder Kultur zutiefst die Pflicht und der Wille, den Mitmenschen zu lieben, ins Herz geschrieben ist. Bei aktuellen Gewaltausbrüchen haben sie, zumal wenn sie als Christen für sie mitverantwortlich sind, die Entwicklung möglichst schnell auf einen klar als christlich erkennbaren Weg zurückzuführen. Immer haben sie in die Unmenschlichkeit – und sei es nur durch scheinbar ohnmächtige Appelle und kleine Gesten – so viel Menschlichkeit hineinzubringen, wie möglich, und können sie mindestens versuchen, den Menschen bei der seelischen Verarbeitung der Schrecken zu helfen. Der Rechtfertigung der Sünder durch die Gnade Gottes für ihr Tun und Lassen bedürfen hier alle, ob sie nun Gewalt anwenden oder etwa als staatsfromme Opportunisten oder als Kriegsdienstverweigerer anderen den moralisch anrüchigen Anteil dessen, was zu tun ist, überlassen.

39. Ethik christlicher Politiker

Christliche weltliche Politik überzeugter Christen entspricht einer richtigen geheimen Sehnsucht vieler Menschen. Ihr Ziel ist Entfaltung dessen, was der Kern aller wahren Demokratie ist: daß Menschen von sich aus (der Christ sagt: aus Gottes-, nicht Menschengehorsam) verantwortungsbewußt nach der Maßgabe des Guten (der Christ sagt: der Gebote Gottes) handeln und daß Politik nicht nur als Befolgung gesellschaftlicher Naturgesetze oder Betätigungsfeld der angeblich zum Guten geneigten Menschennatur zu verstehen ist. Im Prinzip ist es nicht abwegig, wenn sich Parteien, die sich einer solchen Horizontdurchbrechung verpflichtet fühlen, dies durch ihren Namen bekunden.

Christliche weltliche Politik bleibt dennoch heikel. In der Kirchengeschichte sind immer wieder Vermengung und Trennung von Gottes-, Kirchen-, christlicher und weltlicher Macht erprobt worden. Nach diesen Erfahrungen urteilt man gern, auch das verantwortungsbewußteste Verhalten von Christen in politischer Verantwortung müsse „unchristlich" sein, freilich, ohne konsequenterweise ihnen in beinahe allen Berufen die Christlichkeit abzusprechen. Wir brauchen einen Begriff des Christlichen, der ein-, nicht ausschließt, daß sich der Christ – bei vorausgesetzter persönlicher Lauterkeit – auch in der Politik dem Leben mit all seinen Aufgaben unterzieht und – ganz besonders hier – dem Schicksal, schuldig zu werden, nicht entgehen kann. Wer christliche Politik zu treiben beansprucht, muß mit umso schärferer Kritik rechnen. Bildung und Erziehung sollten gegen die vereinfachenden Vorstellungen ankämpfen, die man sich von einem christlichen Verhalten in der Politik gern macht.

Selbstbehauptung des eigenen Volkes oder Staatenbundes gegen andere gehört zu den Aufgaben auch einer christlichen Politik. So wenig jemand Außenstehendes ein Recht hat, das geschichtliche Schicksal des ganzen jüdischen Volkes als das gottgewollte eines Sündenbocks unter den Völkern zu deuten, das es in das eines stellvertretend leidenden Volkes umformen sollte, darf ein christlicher Politiker seinem ganzen Volk diese Rolle und den dadurch herbeigeführten gewaltigen Rückfall der Kultur und politischen Moral zumuten. Eintreten kann freilich – etwa durch eine nukleare Katastrophe – eine Situation, in der seinem Volk nicht einmal mehr das übrig bleibt. Weder eine aus „rational" begründeter Panik resultierende vorzeitige Resignation bei dem politischen Ringen, mit dem man das Schlimmste bisher verhüten konnte, noch das absolute Vertrauen, daß es so schlimm schon nicht kommen werde, ist vertretbar.

Christen werden sich in der Politik, wenn sie dem christlichen Geist treu bleiben, – und das müssen sie; leichtfertige Folgerungen aus der These, man könne da nicht rein bleiben, sind ihnen nicht gestattet – weniger leicht durchsetzen als die anderen, solange die Sensibilität für die tatsächlichen Aufgaben und Probleme, um die es dabei geht, kein Allgemeingut ist. Vielleicht lernen wir nach und nach, daß wir gleichwohl mit ihnen letzten Endes besser fahren. Die Mitverantwortung müßte sich darin äußern, daß man die Schwächen und das Scheitern solcher Politiker, sofern sie mit deren christlicher Gesinnung zu tun haben, richtiger und mit mehr Verständnis deutet und sie ihrem Versagen zum Trotz stützt, nicht nur kritisiert.

40. Christliche Politik zugunsten der Kirche

Christliche Politiker werden eine bestehende Volkskirche oder Zugehörigkeit eines großen Teils der Bevölkerung zum Christentum zu schätzen wissen und fördern. Ohne neue staatliche Bevormundung in religiöser Hinsicht oder Indienstnahme der Kirche für den Staat müßten sie – schon in ihrem eigenen politischen Interesse – auf Information über das Wesen des Christentums in der Schul- und Erwachsenenbildung nicht nur als Vermittlung historischer Kenntnisse, sondern auch als Hilfe für die Bewältigung der persönlichen und politischen Aufgaben dringen. Auch insofern ist strikte Trennung von Kirche und Staat nicht der Weisheit letzter Schluß. Die Erkenntnis, daß beide auf unterschiedliche Weise auf die Menschen einzuwirken haben, dabei aber aufeinander angewiesen sind, führt über dieses Prinzip hinaus. Der Staat ist nicht unbeteiligter Beobachter, sondern zutiefst Betroffener beim Gelingen oder Mißlingen der Erziehung zum Christentum. Die politisch Verantwortlichen brauchen Sachkenntnis in der Frage, um was es sich bei ihm handelt. Sie haben sich da nicht in Urteilsunfähigkeit zu üben. Es bedarf ihrer Entschiedenheit und tatkräftigen Hilfe für das als richtig und heilbringend Erkannte, wobei man allerdings sehr darauf achten muß, daß gutgemeinte Hilfe auch das Erziehungsziel verderben, Christentum in geistige und politische Tyrannei bzw. Unfreiheit umkippen kann.

41. Globalisierung und weltweite christliche Geschwisterlichkeit

Grenzen, früher streng geschlossen gehalten, um die Wirtschaft des eigenen Volkes zu schützen, sind in modernen Staatenbünden oder -bündnissen geöffnet – für globalisierte Wirtschaft, Bevölkerungsbewegungen, auch für den Ortswechsel der Verbrecher. Weltweit kann man dank modernster Technik kommunizieren, zum Nutzen der ganzen Menschheit ebenso wie in der Planung modernste Möglichkeiten nutzender Verbrechen.
  Der Traum, daß jeder Nationalismus überwunden sei, jeder als Individuum gleichberechtigter Kosmopolit sein sollte, scheint Wirklichkeit zu werden, bevor wir auch nur annähernd reif sind, um in dieser Position allem, was da jeweils zu berücksichtigen wäre, mit der nötigen Sachkenntnis verantwortungsbewußt gerecht zu werden. Die Hilflosigkeit fängt bereits mit der nicht tilgbaren, nur bruchstückhaft durch Fremdsprachenkenntnisse überbrückbaren Beschränktheit auf die je eigene Landessprache an. Die Sprachverwirrung, die in der Bibel das Ergebnis der Hybris ist, die sich an einem himmelstürmend-riesenhaften Bauprojekt

versuchte,[146] ist nicht durch ein die umstandlose Verständigung aller mit allen ermöglichendes Pfingsten[147] überwunden. Das Dilemma erschöpft sich nicht in der Mobilitätsforderung, nach den Gesetzen der Wirtschaft müsse der einzelne bereit sein, auf einen Arbeitsplatz im fernen Ausland überzuwechseln. Und es ist mehr als die uns als Kuriosität erscheinende Möglichkeit, daß uns vielleicht in Norddeutschland ein Milchprodukt verkauft wird, dessen Substanz aus einem Mittelmeerland und dessen Verpackung aus dem fernen Osten stammt. Es bedeutet vielmehr eine tiefe Verunsicherung, Ängste, die Aggressionen schüren. Und das heißt, daß die Gefahr des Rückfalls in neue nationale Abschottung und neuer Kämpfe zwischen Nation und Nation keineswegs gebannt ist. Wir Christen sind von der Verwirklichung des Wortes, wir seien in Christo alle Brüder und Schwestern, weit entfernt. Und die Realisierung scheitert vollends an der Tatsache, daß die individuellen christlichen Kosmopoliten vereinzelt oder in Gruppen unter mehrheitlich Andersgläubigen leben, die heute vielleicht ihre eigene – moslemische, buddhistische, hinduistische usw. – Globalität pflegen. Die Christenheit steht jedenfalls, wenn sie sich selbst für die einzig wahre Religion hält, vor der Herausforderung, alle Andersgläubigen mit einigem Verständnis für sie in ihre Familie mit aufzunehmen, oder aber, wenn dies offensichtlich nicht geht, auch selbst nichts anderes mehr sein zu wollen als ein zwar – weltweit ziemlich großer – Teil der noch viel größeren, umfassenderen polykulturellen Menschheits-Familie, in einer weltweiten Ökumene nicht mehr nur aller Christen, sondern aller Religionen. Es bleibt ihr dann nichts übrig, als den anderen als wirklich ernst zu nehmenden Alternativen gegenüberzutreten, gesprächsbereit, bereit, sie zu belehren, aber vor allem erst einmal, von ihnen zu lernen, mit der Hoffnung, daß ihr die anderen zunehmend mit gleicher Aufgeschlossenheit begegnen werden.

---

146   1. Mose 11, 7-9
147   Apostelgeschichte des Lukas 2, 6-11

III. Begründung

42. Zusammenfassung

Der Versuch, zu begründen, warum man das Wesen des Christentums so, wie es hier geschehen ist, und nicht anders definieren muß, geht aus von der kirchlichen Festlegung rechter Lehre und läßt sich von ihr zur Bibel als der eigentlichen Richtschnur führen. Über die in dieser berichteten, für den Glauben grundlegenden geschichtlichen Ereignisse gibt es z.T. sichere wissenschaftliche Kenntnis. Soweit diese noch nicht vorliegt oder es sich um theologische Deutung des Geschichtlichen handelt, wird das Bild von der Botschaft der Bibel mit einem gewissen Recht verschieden ausfallen je nach dem kirchengeschichtlichen Ort, von dem aus es entworfen wurde. In der Kirchengeschichte wurde das, was sich aus der Bibel über das Wesen des Christentums entnehmen läßt, in mancher Hinsicht weitergeführt und vertieft. Die biblischen Schriften erscheinen dabei als Quellen, die man nur richtig liest, wenn man sich mit ihnen auseinandersetzt, ja, sie durchaus auch – wie es z.b. schon Paulus und Luther taten – gegeneinander „ausspielt". Und zum Teil läßt sich die Eigenart des Christentums erst wirklich verstehen, wenn man den Zusammenhang der Gottesvolk- und Kirchen- mit der allgemeinen Religionsgeschichte beachtet, mit der sie manches verbindet und von der sie sich in manchem abhebt.

Alle historischen Dokumente über den christlichen Glauben sind Zeugnisse von „Sachen" (was hier nicht „Sächliches" heißt), die man nur erfassen kann, indem man ihren Wortlaut lediglich als Anleitung zum Nachdenken über ihren „Gegenstand" versteht und sich mit ihrer Hilfe selbst ein Bild von dem macht, um was es im christlichen Glauben geht. Dieses Sachdenken aber muß in sich – bis hin zu den philosophischen Grundlagen – begründet oder, sofern es nicht begründbar ist, so analysiert werden, daß die Vertretbarkeit der auf dieser Grundlage aufbauenden glaubensmäßigen Lebensorientierung ersichtlich wird. Außerdem muß das so entstehende Bild vom Wesen des Christentums offen sein für immer wieder neue Erkenntnisse, neuartige Betrachtung, phantasievolle (zum christlichen Geist passende) Anreicherung und ständig neue Umsetzung in die Praxis.

43. Bekenntnisgrundlage

Wer bei der Information über das Christentum nicht Unmaßgebliches und Irreführendes vertreten will, darf die in den Kirchen (besonders den „Großkirchen") geltenden Festlegungen über den christlichen Glauben nicht ignorieren. Hier wird von denen der Evangelischen Kirche in Berlin-Brandenburg ausgegangen.[148]

Nach der Basis des Ökumenischen Rates der Kirchen,[149] zu dem auch unsere gehört, kommt es auf den Glauben an „den Herrn Jesus Christus als Gott und Heiland" an. Ähnlich sagt es – als nach unserer kirchlichen Grundordnung „von der Schrift und den Bekenntnissen her auch fernerhin gebotenes Zeugnis der Kirche" – die Barmer Theologische Erklärung mit Bezug auf den Kirchenkampf.

Unter den altkirchlichen Bekenntnissen, auch sie Bestandteil der Bekenntnisgrundlage unserer Kirche, stellt das Apostolikum Angaben über Jesus, den Sohn Gottes, zwischen die Erwähnung der beiden anderen Personen der Dreieinigkeit, wobei im 3. Artikel neben dem Heiligen Geist die Kirche und das persönliche Seelenheil als Glaubensinhalt erscheinen. Das Nizänum (Nizänokonstantinopolitanum) bezieht die ersten Festlegungen altkirchlicher Konzile in der Frage, wie die Gottheit Jesu zu denken sei, ein. Die Bekenntnisschriften der Reformationszeit[150] erblicken in der Lehre von der Rechtfertigung des Sünders das Zentrum des Christusglaubens, wobei sie auf die Heilige Schrift als die maßgebliche Urkunde unseres Glaubens verweisen. Auch unsere heutigen Kirchen-Grundordnungen nennen durchweg sie die letzte Instanz, an der alles andere zu messen ist.

Alle genannten Bekenntnisse weisen auf Jesus Christus als „Gegenstand" des Glaubens hin und nennen ihn auch „Gott", „Heiland" oder „Sohn Gottes". Darüber, wie dies gemeint ist, sagen sie so gut wie nichts. In der Tat bekommen die Formeln erst beim Studium des Neuen Testaments Leben, und zwar so, daß auch ihre Diskrepanzen verständlich und Probleme, die ihnen anhaften, sichtbar werden. Aber auch deshalb, weil sie von der kirchengeschichtlichen Situation abhängig sind, in der sie aufgestellt wurden, ist fraglich, ob man die Idee, kurz und

---

148 Grundordnung der Evangelischen Kirche in Berlin-Brandenburg. Vom 15. 12. 1948. Name dieser Kirche seit der Vereinigung mit dem noch deutschen Teil der ehemals preußischen Kirchenprovinz Schlesien: „Evangelische Kirche Berlin-Brandenburg-schlesische Oberlausitz".
149 s.o.: S. 22, Anm. 17!
150 Im Geltungsbereich der genannten Grundordnung überwiegend die lutherischen: Augsburger Konfession, Apologie, Schmalkaldische Artikel, kleiner und großer Katechismus Luthers, für die reformierten Gemeinden: Heidelberger Katechismus bzw. Confession de foi und Discipline ecclésiastique.

bündig und für alle Zeiten eindeutig in eine Formel zu fassen, was Christentum sei, in ihnen verwirklicht sehen kann.

Einig sind sich die Bekenntnisse schließlich darin, daß sie zu bestimmten Tatbeständen, die über das naturwissenschaftlich oder historisch Nachweisbare hinausgehen, eine vertrauensvolle, auch intellektuelle, Zustimmung fordern. (Im Fall Jesu handelt es sich im Apostolikum um das Ja zu seiner irdischen Geschichte, die als die des Sohnes Gottes aufgefaßt und entsprechend als schon vor der Geburt beginnend und sich nach seinem Tod fortsetzend dargestellt wird.) Die Bewandtnis, die es mit dieser Art der Zustimmung hat, muß man sich bewußt machen und kritisch prüfen.

44. Begründung im Neuen Testament

Das Neue Testament bietet keine ausdrückliche Antwort auf die Frage nach dem Wesen des Christentums. Unterschiedliche Zeugnisse von dessen Ursprung und anfänglicher Entwicklung, die für seine Anhänger eine Orientierungshilfe sein wollten, sind in ihm vereinigt. Aus einem Stück geistiger Geschichte (nicht einem systematischen Kompendium) muß man hier das Wesen dieser sich damals erst entwickelnden Religion begreifen.

Die Pole, um die sich die neutestamentlichen Schriften gruppieren, sind der vor allem in den synoptischen Evangelien durchscheinende historische Jesus auf der einen und die theologischen Originaldokumente der Paulusbriefe und des Johannesevangeliums auf der anderen Seite. Die Entwicklung schritt von Jesu apokalyptischer Predigt vom nahen Reich Gottes fort zur Predigt über Jesus selbst z.B. bei Paulus und im Johannesevangelium. In ihrem Verlauf wurde aus einer innerjüdischen Bewegung (um Jesus), die sich auch nach dem Tod des Meisters als Teil und wahre Ausprägung der Synagoge verstand, eine selbständige, aus ihr ausgestoßene Sonder-Gemeinde, die nun sich für das von Gott erwählte Volk hielt, ohne dem eigentlichen Israel diesen Charakter abzusprechen.

Nicht leicht rekonstruierbar, aber wichtig für die Erfassung des Wesens des ursprünglichen Christentums ist der Übergang von der einen Art der Predigt zur anderen. Jesus hat vielleicht selbst keinen der Würdetitel auf sich bezogen, die er im Neuen Testament führt.[151] Und Paulus und Johannesevangelium bieten keinen Bericht über das, was geschichtlich stattgefunden hat. Denn bei ihnen ist dessen theologische Deutung das allein Wichtige.

In keiner der Schriften des Neuen Testaments fehlt eine solche Deutung, und in keiner ist sie vom Geschichtsbericht klar getrennt, auch nicht in den synopti-

---

151 Zu diesem Thema: Ferdinand Hahn: s. Anm. 21 auf S. 23

schen Evangelien. Eine z.T. aus diesen und der Apostelgeschichte erschließbare Entwicklung der Anwendung der Würdeprädikate auf Jesus muß schon vor Paulus stattgefunden haben. Dabei kreuzt sich in allen diesen Zeugnissen mit jüdischem heilsgeschichtlichen Denken die Hellenisierung der Jesus-Auffassung. Die ursprüngliche Bedeutung des Messiastitels und die Predigt vom Reich Gottes sind bei Paulus verblaßt, wenn er von Jesus (mit dem Beinamen:) Christus spricht. Obwohl verschleiert, wird bei ihm darunter – wie allgemein im Neuen Testament unter „Sohn Gottes" – „so etwas wie Gott selbst" verstanden. Auf diesem Weg ist das Johannesevangelium noch weiter gegangen.

Bei Paulus liegt der Akzent nicht mehr auf der einfachen Frage, ob Jesus Messias, Menschensohn oder dergleichen war, sondern auf der näheren Ausführung, ja, Ausmalung dessen, was in seinem Tod von Gott her eigentlich geschehen ist. Wenn wir im Bild des Paulus vom gekreuzigten Christus[152] mit Recht eine Entsprechung zu den „heiligen Geschichten" hellenistischer Mysterienkulte sehen (obwohl es, abweichend von ihnen, auf eine geschichtliche Person Bezug nimmt), dann ist es nicht etwas, zu dem man sinnvoll so wie zu Glaubensbekenntnissen intellektuell seine Zustimmung erklären könnte. Vielmehr geht es dann darum, daß man sich in es versenkt, ihm immer neue Feinheiten abgewinnt und sich von ihm zu immer neuen (auf die jeweils aktuellen Probleme zugeschnittenen) Ausmalungen des Gemeinten anregen läßt.

Allerdings hat Paulus selbst das Christusbild – anders, als es dem Sinn der hellenistischen Mysterien entsprochen hätte, – doch als eine dogmatische Wahrheit, die man „glauben" muß, verstanden.[153] Hier muß unser Versuch, im Mit- und Durchdenken seiner Gedanken das Wesen des Christentums zu erfassen, bei ihm Abstriche machen und das Formelhafte, das z.B. seiner Rede vom Opfer Jesu noch anhaftet,[154] durch die genauere Ausmalung überwinden, wofür an anderen Stellen des Neuen Testaments auf Jesaja 53 zurückgegriffen wurde.[155] Den Gesichtspunkt des Reiches Gottes müssen wir, nachdem das Ende der Weltgeschichte damals ausblieb, in Erinnerung an Jesu ursprüngliche Predigt[156] wieder stärker betonen und in der Frage der ethischen Anforderungen an den

---

152 1. Korinther 1, 23; Galater 3, 1
153 Galater 1, 8-9
154 z.B. Römer 3, 21 ff (trotz positiver Aufnahme oben: S. 31 f mit Anm. 43)
155 Matthäus 8, 17; 26, 28; Markus 10, 45; 14, 24; 15, 28; Lukas 22, 37; Johannes 1, 29; 6, 51; Apostelgeschichte 8, 28-35; 1. Petrus 2, 21 ff; durchscheinend aber auch bei Paulus: Römer 4, 25; 8, 32; 10, 16; 1. Korinther 15, 3; 1. Timotheus 2, 6. Nach Ferd. Hahn (a.a.O., 54-66; 194, 201 f; 348) findet sich diese Deutung in den ältesten Berichten über die Passion Jesu noch nicht und ist sie keine von allen Gruppen der alten Gemeinde geteilte Auffassung gewesen.
156 Markus 1, 14-15 usw.

Christen die Glaubens- im Gegensatz zur Werkgerechtigkeit noch konsequenter herausarbeiten,[157] deutlicher auch, als wir dies in der Apostelgeschichte dargestellt finden.[158]

Im Johannesevangelium finden wir den christlichen Glauben zunächst wieder ganz auf eine Formel, die in Bezug auf Jesus geglaubt werden müsse, reduziert,[159] nur daß – im Kontrast zur benutzten Darstellungsform des gnostischen Erlösungsmythos – betont wird, daß der Erlöser eine geschichtliche Person ist.[160] Dafür wird hier aber das äußerlich unterlegene „Geistige" (im Sinn des gnostischen Dualismus) in einer Weise als mitten im vordergründig tonangebenden „Fleischlichen" insgeheim mächtig dargestellt,[161] die man als anschauliche Weiterführung und Anwendung des paulinischen Prinzips verstehen kann, Gott im „Fleisch", d.h. im irdischen Leben, gegenwärtig zu sehen.[162] Im Johannes-Evangelium wird Jesus (der Logos, der auch das Wesen Gottes selber sei) in verschiedenen Szenen seines Auftretens als derart mit diesem harmonierend dargestellt, daß man geradezu einen Bericht über dessen eigenes irdisches Auftreten zu lesen meint.[163] Historie über Jesus und Theologie des Paulus sind hier sozusagen eins geworden. Der Eindruck des Sieges der Wahrheit und des Logos in seiner äußerlich allein sichtbaren Niederlage überstrahlt die Botschaft vom bitteren Sterbenmüssen des „alten Menschen".[164] Daß der Logos aber nicht ver-

---

157 s. o.: S. 27 f
158 Vgl. hauptsächlich die Darstellung über das Apostelkonzil in Apostelgeschichte 15, 1-35 im Unterschied zu Galater 1-2, wobei nach Herm. Wolfg. Beyer, NTD 5 in Apg. 15 der Bericht über zwei verschiedene Verhandlungen, 15, 1-5 und 15, 6 ff – letztere ohne Beteiligung des Paulus -) verschmolzen, die scharfe Kontroverse mit Petrus, über die im Galaterbrief berichtet ist, zwischen beiden einzuordnen wäre. Auffallend, daß in Apg. 15, 7-11 gerade dem Petrus die Lehre des Paulus von der Glaubensgerechtigkeit in den Mund gelegt erscheint. Diese Auffassung als die des Paulus erscheint in der Apg. eigentlich nur 13, 37-38. Sonst immer nur formelhaft „Glaube an Jesus Christus, z.B.16, 31, oder „Wort von der Gnade Gottes", z.B. 20, 32.
159 Johannes 1, 34; 4, 25-29; 11, 25-27; dazu die ἐγώ-εἰμι- (Ich-bin-) Worte, z.B. 14, 6; vgl. auch 1. Johannesbrief 4, 1 ff.
160 Johannes 1, 14
161 Johannes 1, 10-13; 12, 31-33; 17, 1-3; 19, 30
162 Römer 8, 3; 2. Korinther 4, 11; Galater 2, 20; 1. Timotheus 3, 16
163 Diese Richtschnur gibt Johannes 1, 1 an die Hand. Ich lese dieses ganze Evangelium – z.B. die Geschichten von der Tempelreinigung (2, 13 ff) und dem Verhör vor Pilatus (18, 33 ff) – auf diese Weise, obwohl sich in ihm Jesus gerade, wo seine enge Verbundenheit mit Gott zum Ausdruck kommt, deutlich als von dem himmlischen Vater unterschieden präsentiert: 5, 19-47; 6, 38-40; 7, 27-29; 8, 18. 47-51; 14, 9-12; 15, 23; 17, 1-2. 6 ff
164 Johannes 5, 31 ff; 12, 24-26; aber der Ausdruck „alter Mensch", nicht mehr auf Jesus, sondern auf seine sakramental und manchmal auch real an seinem Leidensschicksal teilnehmende Jünger gemünzt, ist paulinisch: Römer 6, 3-6

standen wird, erscheint als für ihn tragisch, durch den Fürsten dieser Welt verursacht.[165] Freiheit des Geistes[166] – durchaus auch im modernen Sinn – ersetzt Dogmenglauben. Die Dämonisierung des Nicht-wahr-haben-Wollens der Wahrheit Gottes[167] zusammen mit der Reduktion der christlichen Botschaft auf die Glaubensformel (die in Gestalt der ἐγώ-εἰμι-Worte variiert erscheint und – bei weitgehendem Fehlen inhaltlicher Aussagen über das nötige praktische Verhalten gegenüber Gott und den Menschen – nur besagt, daß wir für Jesus Partei ergreifen sollen) macht das Johannes-Evangelium gefährlich, da altethisch schwarzweißmalend mißdeut- und mißbrauchbar im Dienst eines Vernichtungsfeldzugs gegen das „Böse", zumal wenn dies als in „den Juden" personifiziert vor Augen gestellt wird.[168] Auf die inhaltliche Füllung der Formeln von den Synoptikern und Paulus her darf, wenn dieser Mißbrauch vermieden werden soll, nicht verzichtet werden. Erst so gelesen, hat auch im Johannes-Evangelium die christliche Ethik die Tiefendimension des Existentiellen. Gott im Fleisch wird erkennbar als eine für konkrete Ethik bedeutsame Größe. Christentum erscheint erst dann nicht nur als „wahre Erkenntnis in der Freiheit des Geistes" im Gegensatz zu einer die wahren Zusammenhänge nicht durchschauenden Weltsicht. Der Geist der Wahrheit und die Gnade[169] können so auch als jene Ehrlichkeit verstanden werden, die den schuldbewußten Sünder vor dem Selbstgerechten auszeichnet, der sich selbst für fromm und sittlich vollkommen hält. Aus dem Vernichtungskampf gegen die Macht der Finsternis kann dann auch im Sinn des Johannes-Evangeliums – gegen die Johannes-Apokalypse – das Werben des sich erniedrigenden, das stellvertretende Leiden auf sich nehmenden, am Kreuz „erhöhten", dort thronenden Königs der Wahrheit um die Menschen werden, die Gott wegen seiner Ungerechtigkeit anklagen und zu Tode bringen. Dann würde auch der johanneische Logos über den Graben zwischen den Kindern des Lichts und der Finsternis[170] eine Brücke schlagen.

Für Christentum ist nach dem Neuen Testament die Ausrichtung der Menschen auf Jesus, der als eine Botschaft über Gott verstanden wird, zentral. In der Art, das zu sehen und auszudrücken, gibt es bei den Autoren keine Einförmigkeit oder Stagnation.

---

165 Zusammenschau von Johannes 1, 10; 8, 43-45; 12, 31 und 14, 30.
166 Johannes 4, 24, vgl. 3, 3-8
167 Johannes 8, 43-44
168 Anfang und Ende der Rede, die Joh. 8, 43-44 enthält: 8, 31 und 8, 57
169 Johannes 1, 14-17; vgl. 14, 6; 18, 37
170 Die Einteilung, die hinter Johannes 8 steht; ausdrücklich : 1. Thessalonicher 5, 5; wohl aus zarathustrischer, apokalyptischer, essenischer und gnostischer Tradition.

45. Begründung im Alten Testament

Das Alte Testament ist das Dokument des Selbstverständnisses Israels als des von Gott erwählten Volkes, das in ihm Richtschnur, Kritik, Trost und Hilfe fand. In die Wesensbestimmung des Christentums auf Grund der Bibel gehört es hinein, da es die heilige Schrift der frühen Christengemeinde war, die sich selbst für das eigentliche Israel halten konnte und meinte, das Alte Testament habe sich in Jesus Christus „erfüllt", einmal im Sinn der Bewahrheitung von Stellen, die als Weissagungen seines Kommens aufgefaßt wurden, zum anderen im Sinn abschließender Erledigung, indem – so Paulus – das alttestamentliche Gesetz durch die neue Offenbarung aufgehoben und ersetzt worden sei.[171]

Beide Behauptungen tun dem, was im Alten Testament wirklich steht, zu einem Teil Gewalt an. An diesem hat die Deutung des Paulus nur insofern einen Rückhalt, als man sie als Rückwendung von der Priesterschrift zur älteren jahwistischen Darstellung[172] begreifen kann, die er im Grunde – ohne Kenntnis moderner Quellenscheidungstheorien – vollzogen hat. An die von ihm benutzten Aussagen der jahwistischen Ur- und Vätergeschichte, besonders über Abraham als Vater und Symbol Israels (und zugleich Vater des Glaubens),[173] reiht sich – die ohnehin reichen Möglichkeiten der Besinnung über Sündenfall und den Versucher noch erweiternd – das Hiobbuch an.

Für das Verständnis des Heilsgeschehens in Jesus Christus ist schon der frühen Christenheit der Kontrast wichtig, in dem das Heilshandeln Gottes zu der Geschichte Israels steht,[174] die nach dem Deuteronomistischen Geschichtswerk[175] eine ständige Abfolge von Versündigungen gegen die Gebote des Deuteronomiums war[176] und konsequent auf die Bestrafung in Form der politischen Auslöschung zuerst des nördlichen Teilstaates (Israel), dann des südlichen (Juda) hinauslief:[177] ein problematisches Denkschema, dessen Problematik für das einzelne Menschenleben wiederum durch Heranziehung des Hiobbuches erhellt werden kann. Jedenfalls hören wir im Neuen Testament, Jesus habe im Fall der

---

171 s.o.: S. 24 und 33 f
172 s. Anm. 13 auf S. 19 bzw. Anm. 8 auf S. 16
173 Bezugnahme in Römer 4 und Galater 3, 6-18 auf 1. Mose 12, 1-3; 15, 6; dazu passend die Jakob-Geschichten, besonders 1. Mose 27; 28, 13-16; 32, 25-31; über Noah jahwistisch 1. Mose 6, 8, priesterschriftlich 6, 9
174 Z.B. in der Rede des Stephanus: Apostelgeschichte 7 und Predigt des Paulus: 13, 16-41
175 Die Bücher Deuteronomium (5. Mose), Josua, Richter, 1. und 2. Samuel, 1. und 2. Könige umfassendes Geschichtswerk aus der Zeit des babylonischen Exils
176 Danach die Beurteilung der Könige Israels und Judas z.B. 1 Kön. 14, 21 ff; 2. Kön.15, 32 ff)
177 2. Kön. 17, 7 ff; 24-25

Deutung einer Krankheit als Strafe Gottes widersprochen: In Wahrheit sei sie eine Gelegenheit für diesen, – durch ein Heilungswunder – seine Herrlichkeit zu offenbaren.[178]

Was die angeblichen Weissagungen des Kommens Jesu betrifft, so hat das Alte Testament in der Tat – sicher, ohne absichtlich auf ein so fernes zukünftiges Ereignis zu zielen, – Bilder und Denkformen bereit gestellt, mit denen sowohl die Messias- und Reich-Gottes-Erwartung der Juden als auch die Deutung der Gestalt Jesu durch die Christen aussagekräftig umschrieben werden konnte, z.B. Worte von der Gottessohnschaft des israelitischen Königs,[179] paradiesische Ausmalungen der erhofften besseren Zeit unter einem neuen Herrscher,[180] den Menschensohn im Danielbuch[181] und – z.t. schon auf das Volk Israel als Ganzes gedeutet – die Gestalt des leidenden Gottesknechts bei Deuterojesaja, die dort keinen Zusammenhang mit Königs- oder Messiasvorstellungen hat.[182] In neutestamentlicher Anwendung auf Jesus wurde diese – undenkbar im alttestamentlichen Rahmen – zur Veranschaulichung dessen, was das Wort des Paulus vom „gekreuzigten Christus" eigentlich besagt: daß in ihm Gott selbst als stellvertretend Leidender erschienen sei.

Die durch das Bekenntnis der neutestamentlichen Christenheit und der Kirche vorgegebene Beschränkung auf nur eine Seite des Alten Testaments müssen wir durch die Hinzunahme auch des Restes korrigieren. Wir dürfen den nicht ignorieren. Nur als geistige Auseinandersetzung und begründete Parteinahme kommt jene Einseitigkeit für uns noch in Frage. Vor mancher Schwärmerei, zu der ein Basieren allein auf dem Neuen Testament leicht verführt, können wir bewahrt werden, wenn wir z.B. auch die Institution des Heiligen Krieges, Israels Kampf gegen falschen Gottesdienst, sein Wichtignehmen von Opfer und Beschneidung, seine Abkapselung gegenüber anderen Völkern[183] und die spätere Veränderung der Erzählung seiner Geschichte im Chronistischen Geschichtswerk[184] beachten.

Für die Auseinandersetzung mit Kritik am Theismus oder anderen Religionen von Bedeutung ist schließlich die im Pentateuch und bei den Propheten erkennbare Entwicklung des jüdischen Gottesglaubens von der erst henotheistischen

---

178 Johannes 9, 1-3
179 2. Samuel 7, 14-16; Psalmen 2, 6-9; 72, 1-11; 89, 25-37; Jesaja 9, 5-6
180 Jesaja 11, 1-9; (Deutero-)Jesaja 40, 1-11; vgl. 45, 1-8: Kyros als Gesalbter
181 Daniel 7, 13-14. 27
182 Jesaja 42, 1-9; 49, 1-6; 50, 4-11; 52, 13-53, 12
183 Vgl. die Gesetzgebung des Pentateuch: s. o.: S. 49-51 mit Anm. 87-90; 108.
184 1. und 2. Chronik, Esra, Nehemia, bearbeitet wohl um 400 und 350, gegenüber dem Deuteronomistischen Geschichtswerk mit Einspannung des Berichts in die Geschichte der Menschheit von Adam an, Weglassung des Nordstaats Israel, Tilgung der negativen Züge im Bild Davids, Weiterführung über das babylonische Exil hinaus sowie manchen Ergänzungen aus verlorenen anderen Quellen.

Vorstufe des Glaubens an die Götter der Väter, an unterschiedliche Elim und an Jahwe zu seiner ausgeprägt monotheistischen Form (über das Deuteronomium zu Deuterojesaja).[185]

46. Begründung in der Kirchengeschichte

Die Idee des Christentums, darin muß man Schelling[186] z.T. recht geben, wird in gewisser Weise erst im Ganzen seiner Geschichte vollständig sichtbar. Dabei kann es nicht um Komplettierung durch neue, von seinem ursprünglichen Wesen abweichende Entwicklungen gehen, sondern nur um Anwendung der allein als maßgeblich anerkannten biblischen Richtschnur auf jeweils neue Situationen durch immer neue Ausschöpfung des ein für allemal festliegenden christlichen Grundmythos. Was nach diesem Prinzip an Neuerungen nötig wurde, ist einschneidend genug:

Vor allem zwei Hauptungeklärtheiten hafteten dem Christentum in der neutestamentlichen Form an (und es konnte natürlich damals – zumal angesichts der apokalyptischen Weltende-Erwartung – gar nicht als notwendig erkannt werden, hieran etwas zu ändern): das Problem des Dogmatismus und das der Machtentfaltung im Namen Gottes.

Unter beiden Gesichtspunkten ist außerdem das Ganze des Christentums so zu berücksichtigen, daß wir „richtige Form" und „Verzerrung" in gleicher Weise als zu ihm hinzugehörend akzeptieren.

47. Kirchengeschichtliches Ringen um das christliche Selbstverständnis trotz Dogma

Der christliche, zum Teil schon neutestamentliche Dogmatismus wurzelt im In- und Miteinander des Jüdischen im Urchristentum auf der einen und der hellenisierten Deutung der Gestalt Jesu auf der anderen Seite, das anscheinend unvermeidlich zu der bis in die jüngste Vergangenheit hinein bestehenden, zumindest lehrmäßigen Feindschaft von Judentum und Christentum den Grund legte.

---

185 Gott Abrahams, Gott Isaaks, Gott Jakobs, El Schaddaj (gern übersetzt als „Allmächtiger Gott"), z.B. 1. Mose 49, 25; El Bethel (1. Mose 31, 13) usw. Hierzu: Albrecht Alt: Der Gott der Väter 1929, in: Kleine Schriften zur Geschichte des Volkes Israel, I, ²München 1959. – Vgl. 2. Mose 20, 3. 5 mit 5. Mose 6, 4-5 und Jesaja 40, 12 ff; 44, 24 ff, 45, 5-12.
186 Fr. W. J. Schelling: 8. und 9. Vorlesung über die Methode des akademischen Studiums, 1802; veröffentlicht 1803

Denn hinter ihrem Streit stand – ob bewußt so formuliert oder nicht – von Anfang an die Frage, ob man die Lehre für wahr halten müsse oder nicht dürfe, der jüdische Gott habe in Jesus den Tod erlitten. Und die Vertreter beider Auffassungen erblickten in denen der jeweils anderen verfolgungswürdige Ketzer. Jedenfalls die dogmatischen Festlegungen der Kirchen hatten schon damals insgesamt den Charakter für wahr zu haltender Lehren. Verbunden war mit dogmatistischer Rechthaberei ein Überlegenheitsgefühl der Christen gegenüber der jüdischen Religion auf Grund ihrer Gewißheit, im Sakrament die Gegenwart Gottes und ewiges Leben zu besitzen.[187] Dies deutete jedoch bereits darauf hin, daß es wie bei der Auseinandersetzung mit dem Judentum so auch bei der Wesensbestimmung des Christentums auf ein lebendigeres geistiges Verständnis und schließlich auf mehr als auf intellektuelle Festlegungen, nämlich auf eine Formung des Lebens ankomme.

Nahe war demnach das Christentum dem richtigen Selbstverständnis zunächst immer da, wo es sich der Praxis zuwandte, z.B. die Bergpredigt radikal ernst nahm, das Armutsideal Jesu befolgte,[188] spiritualistisch die Erfüllung mit dem Geist anstelle der Bindung an Kirchenlehre und Schrift predigte,[189] sich jesuitisch in exercitia spiritualia oder pietistisch in exercitia pietatis übte.[190] Aber nur als Praxis gab es das alles nicht, sondern immer zuerst als Programm, dem die Verwirklichung oft widersprach: Luthers Mißtrauen gegen das, was der entbundene Geist einem Thomas Müntzer zu tun eingab, war mindestens so berechtigt wie das Befremden über vom wirklichen Verhalten abstechende Reden, in denen sich manchmal Fromme gefallen. Den praktischen Zug zeigt auch das Ja der Aufklärungszeit zum Liebesgebot Christi, zu Pflicht und Moral. Nur verlor man da, indem man Erbsünden- und Rechtfertigungslehre, Offenbarung, Gottheit

---

187 So im Anschluß an Franz Rosenzweig (1886-1929) in einem Brief an Eugen Rosenstock vom 7./8. 11. 1916: „Denn ihr, die ihr in einer ecclesia triumphans lebt, habt einen stummen Diener nötig, der euch allemal, wenn ihr in Brot und Wein Gott genossen zu haben glaubt, zuschreit: Herr, gedenke der letzten Dinge!", während die Juden „für die Sünde des Hochmuts, ... des mittlerlos im Licht des Gottesantlitzes Wandelns" durch ihr Schicksal „bar zahlen".

188 z.B. Waldenser (seit 12.), Franziskaner (seit 13.), Täufer (z.B. Mennoniten, seit 16.), Friedenskirchen (z.B. Quäker, seit 17. Jahrh.), Leo Tolstoj (1828-1910, besonders bei ihm ist dies als doch problematischer Denkansatz erkennbar).

189 z.B. die „Schwärmer" der Reformationszeit, beginnend mit Karlstadt (ca 1480-1541) und Thomas Müntzer (1468?-1525), später z.B. Jakob Böhme (1575-1624).

190 „Exercitia pietatis" (so der Titel einer Schrift des reformierten Theologen Gisbert Voetius, 1589-1676, von 1644), die in der lutherischen Tradition Philipp Jakob Speners (1635-1705) „collegia pietatis" („Konventikel") zu verwirklichen suchten.

und Auferstehung Jesu als unwichtig, z.T. spitzfindig betrachtete,[191] das Zentrum des wirklichen Christentums aus dem Auge. Dem Grundproblem wird durch die Konzentration auf die Praxis in gewisser Weise Rechnung getragen. Aber es wird so nicht gelöst.

Hinzukommen muß eine ehrlichem Denken Raum gebende philosophische Weitung der Theologie. In der römischen Reichskirche hatte sich besonders seit Konstantin – unter maßgeblichem Einfluß der Kaiser – ein wechselvolles Hin und Her zugetragen zwischen einem mehr philosophischen, im griechischen Osten in der Nachfolge des Origenes z.B. von Arius und den Antiochenern gepflegten Verständnis des Glaubens und demjenigen, das Rom und die Patriarchen von Alexandria, damals namentlich Athanasius, vertraten: aufgrund der westlichen an Tertullian[192] anknüpfenden gleichsam juristischen Formel von dem das Unrecht der Gläubigen sühnenden Opfer Jesu, der, wie man glaubte und festsetzte, zu solchem Tun durch eine ihm eignende göttliche Natur befähigt und legitimiert sein mußte.[193] Philosophische Vernünftigkeit wurde dann bald für ketzerisch erklärt,[194] ebenso später die Mystik Meister Eckeharts, die auf dem System der scholastischen Theologie aufruhte.[195] Auch Luther stellte sich gegen Philosophie in der Theologie.[196] Blaise Pascal sah sich statt mit dem Gott der Philosophen mit dem, der sich in Jesus Christus offenbart, konfrontiert.[197] Der Pantheismus

---

191 Mit ganz unterschiedlichen Akzentuierungen z.b. im Deismus von Herbert v. Cherbury (1581-1648), John Toland (1670-1722), Matthews Tindal (1656-1733); bei Voltaire (1694-1778), Rousseau (1712-1778), Johann Salomo Semler (1725-1791), Hermann Samuel Reimarus (1694-1768, „Fragmente eines Ungenannten" 1774-1778) und auch noch Kant (1724-1804).
192 Origenes (185/86, aus Alexandria) mit Logos-Theologie und Unterscheidung eines dreifachen (buchstäblichen, moralischen und mystischen) Schriftsinns sowie von wissenschaftlicher Religion und Gemeindeglauben; Arius (+ bald nach 335) mit seiner aus der theologischen Tradition des syrischen Antiochia stammenden Lehre mit Bedenken über die Gottheit schon des präexistenten Logos und Sohnes Gottes (Verurteilung auf dem Konzil von Nizäa 325); Tertullian (ca 150/55 – nach 222/3 in Karthago) mit Prägung vieler theologischer Grundbegriffe, die dann so beibehalten wurden.
193 So Athanasius (ca 295-373 in Alexandria), der von 335-365 fünfmal verurteilt und verbannt (339 in Rom, das auf seine Seite trat) und immer wieder rehabilitiert wurde.
194 z.B. Origenes, der schon 399, bevor es ein eigentliches Papsttum gab, als Ketzer verdammt wurde. Bereits noch früher, z.B. im Passah- (etwa 190/91), Ketzertauf- (255-257) und Arius-Athanasius-Streit (318-381), setzten sich in Rom gültige Normen durch.
195 Lebenszeit 1260 (?)-1327; Verdammung von 28 seiner Sätze im Ketzerprozeß 1329
196 z.B. De servo arbitrio (1526), 606 der Weimarer Ausgabe
197 Pascals (1623-1662) „Mémorial" von 1654.

Spinozas[198] und dessen Wiederaufnahme durch Fichte wurden verworfen.[199] Durch Schleiermacher fand indes eine solche Betrachtungsweise Eingang in das evangelische Kirchenselbstverständnis.[200]

Die philosophisch befreite Besinnung auf den wahren Gehalt des Christentums durch Rückgang auf seine geschichtliche Urform ging – nach Hegel mit zunehmend radikalen Ergebnissen – den schon von Spinoza gewiesenen Weg der Bibelkritik: Anzweiflung der Historizität Jesu und seiner Irrtumslosigkeit, Aufdeckung der mythologischen Übermalung seiner Gestalt in den Evangelien (im Sinn der antiken Mysterienreligion) sowie des eschatologischen Charakters der neutestamentlichen Religion (womit ein Sicheinrichten auf eine Jahrtausende dauernde Weltgeschichte nicht zu vereinbaren sei) schienen das Christentum in Frage zu stellen, das man als richtige Lehre zu „glauben" gewohnt war.[201] Konsequent hat die katholische Kirche damals das „reformkatholische" Eingehen einiger ihrer Theologen auf solche „modernistischen" Gedanken unterbunden[202] und gab es im evangelischen Lager einen langanhaltenden Streit über die Vertretbarkeit und Verbindlichkeit des Apostolikums.[203]

---

198 Spinoza (1632-1677) wurde 1656 aus der jüdischen Gemeinde durch Bannfluch ausgeschlossen; sein Tractatus theologico-politicus (1665-1670) sogleich von Synoden, Kirchenräten, den Staaten und dem Hof seiner holländischen Heimat als ketzerisch verboten.
199 Atheismus-Streit 1799, Anlaß für Fichtes (1762-1814) Weggang aus Jena.
200 Fr. E. D. Schleiermacher (1768-1834), zuletzt wieder in Berlin als Theologe an der 1810 gegründeten Universität, u.a. mit dem theologischen Lehrbuch „Der christliche Glaube, nach den Grundsätzen der ev. Kirche im Zusammenhange dargestellt" (1821/22) und Beteiligung an der Idee sowie an der Auseinandersetzung um die Durchführung der preußischen lutherisch-reformierten Union von 1817, laut Emanuel Hirsch: Die idealistische Philosophie und das Christentum, Gütersloh 1926, 200 ff und 270 f in seinen „Reden über die Religion an die Gebildeten unter ihren Verächtern" (1799) und in seiner (immer neu überarbeiteten) „Dialektik" deutlich abhängig von Fichte.
201 Besonders D. Fr. Strauß (1808-1874) mit seinem „Leben Jesu" (1835 f) und Br. Bauer (1809-1882) mit „Christus und die Cäsaren" (1877). Zum Ganzen, besonders dem „eschatologischen" Verständnis des Lebens Jesu: Albert Schweitzer: Geschichte der Leben-Jesu-Forschung, Tübingen 1913.
202 Solche Reformer waren Georg Hermes (1775-1831) in Bonn, Hermann Schell 1850-1906 in Würzburg, Indizierung einiger Hauptschriften 1898, Alfred Loisy (1857-1940) in Paris, nach Indizierung einiger seiner Bücher (1903) 1908 exkommuniziert; unter Papst Pius X. (1903-1914) 1907 Syllabus „Lamentabili" gegen die theologischen „Irrtümer" der Modernisten, 1910 Antimodernisteneid für Doktoren der Heiligen Schrift.
203 Nach einem Streit schon im 17. Jahrh. (Georg Calixt, 1586-1656) ging es im 19./20. um den neuerdings obligatorischen Gebrauch des Apostolikums im Gottesdienst sowie im Konfirmations- und Ordinationsgelübde: Kritik u.a. an Festlegung durch einzelne Aussagen auf ein überholtes Weltbild und am Fehlen für den Heilsglauben

Es mußte noch etwas anderes, Tieferes, ernster zu Nehmendes hinter der Einstellung eines Luther und eines Pascal stecken: Es ist noch mehr nötig als Praxisbezug und philosophische Weite: das, was Jaspers – als einer, der bei aller Skepsis gegenüber der Psychoanalyse doch deren Art des Verstehens seelischer Vorgänge nahestand, – in der Auseinandersetzung mit Bultmanns Entmythologisierungsprogramm „mythisches" und als das dem Sinn der Religion gemäße Denken bezeichnet hat, den man verfehle, wenn man sie nur als das Fürwahrhalten von Theorien betrachtet.[204]

Für Luther, der mit dem Prinzip der Begründung des Glaubens allein durch die Schrift das Tor zur Erkundung des lebendigen Ursprungs der christlichen Religion wieder aufgestoßen, aber Spiritualismus und von Theologen in Anspruch genommene Philosophie abgewiesen hatte, war die Kirche durchaus weiter das Institut für sakramentale Vermittlung der Gnade des gnädigen Gottes. Man hatte nun erneut die biblische Wahrheit in ihrer ganzen Lebendigkeit im Blick, faßte sie aber wieder als zu glaubendes Dogma. Luthers Stellung zu den Juden[205] und Calvins Vorgehen gegen Michael Servet[206] zeigen den Grad, in dem beide diesem Denkschema verhaftet blieben. In radikaler Weise entdeckte Sören Kierkegaard, der – keineswegs unphilosophisch – das „Paradox" des in Knechtsgestalt erscheinenden Gottes verkündete, die zentrale christliche Wahrheit wieder,[207] was Karl Barth – es insofern mißdeutend – abermals zum Inhalt eines zu glaubenden theologischen Systems machte, das er – selbst gewissen Entscheidungsphilosophen der Zeit beunruhigend ähnlich – obendrein über die Pflicht philosophischer Rechtfertigung erhaben wähnte.[208]

---

wichtiger Glaubensartikel, z.B. durch Julius Rupp (1846), Christoph Schrempf (1892), Karl Jatho und Gottfried Traub (1911/12).
204 s.o.: S. 24!
205 „Wider die Juden und ihre Lügen", 1543
206 Wohl 1511 geborener spanischer Arzt, der wegen Kritik an der Trinitätslehre von der Inquisition verfolgt, 1553 von Calvin angeklagt und nach Verurteilung durch den Rat von Genf verbrannt wurde.
207 Kierkegaard (1813-1855): z.B. Philosophische Brocken (1844) und Einübung im Christentum (1850), besonders aber auch sein keine Konsequenzen scheuender Kampf gegen die seines Erachtens in ihrer Verquickung mit dem Staat zutiefst verlogene, unchristliche dänische Staatskirche (1854).
208 „Dialektische Theologie", die nie sich als Lehre über ein ewig Seiendes ausruht, sondern – stets von Absturz bedroht – die Spannung zwischen dem als Offenbarung Gottes Festgehaltenen und Geglaubten und dem Nichts-wissen-Können über Gott durchhält. Dazu K. Barth: Das Wort Gottes als Aufgabe der Theologie, in: Gottes Freiheit für den Menschen (Vorträge usw.), Berlin 1970, 96 f. Nach Tillich: Protestantismus (s. Anm. 55 auf S. 35), 257 drohte bei Barth die „Wiederherstellung einer Orthodoxie, die sich gegen den protestantischen Protest sicher fühlt". Barth verwirft in bewußter Glaubens-"Naivität" ein Eingehen auf die philosophische „Rückfrage, ob

Als bahnbrechend auf dem Weg zu dem nicht mehr nur dogmatischen, sondern auch mythischen Verständnis des christlichen Glaubens erscheint die deutsche Klassik, in der ein Friedrich Hölderlin[209] – wieder anders als Goethe und Schiller – vertieft die antike griechische Denkform aufnahm. Auf der Linie der ostkirchlichen Slawophilen, die den Rationalismus der katholischen und der evangelischen Kirche rügten, stellte Dostojewskij im Gegensatz zum Unfehlbarkeits- und Machtanspruch katholischer Amtsträger sowie an in der Welt verachteten Personen die Wesensart Jesu Christi dar.[210] Eine Kritik am Mythos des Christentums (d.h. an der Lebenswirklichkeit, die das Christentum sein will) oder dem, was die Christen in der Realität daraus gemacht hatten, war es, wenn Karl Marx die Religion als Mittel der Mächtigen erklärte, um das Aufbegehren der Unterdrückten niederzuhalten,[211] oder Friedrich Nietzsche den Christen vorwarf, daß sie eine unehrliche, unanständige Demutsmoral verträten.[212] Die Psychoanalyse Freuds lenkte die Aufmerksamkeit auf die Rolle, die Träume und Mythen in der Auseinandersetzung der Menschen mit ihren täglichen Aufgaben und Problemen spie-

---

denn der überweltlich Seiende ... wirklich sei"; das „biblische Zeugnis ... .gründet sich auf den intramundanen Selbstbeweis des extramundanen Gottes und Weltregenten." (Kirchl.Dogmatik III 3, 202). Er stellt sich gegen eine „natürliche Theologie", die erst einmal – aufgrund „eines Selbstverständnisses und einer Selbstwürdigung der menschlichen Vernunft und .... im Gedanken an irgendwelche Beobachtungen und Feststellungen hinsichtlich der in der Natur und in der menschlichen Geschichte waltenden Gesetze und Ordnungen und ... unter Bezugnahme auf eine dem Menschen angeblich oder wirklich eigentümliche religiöse Anlage" von Jesus Christus noch absehend von Schöpfung und „Uroffenbarung" sprechen will. (IV 1, 47) Die kirchliche Predigt habe „das Faktum" zu verkünden, „daß Gottes Sohn auch Menschensohn wurde", und dieses Faktum vermöchte keine Physik, Metaphysik oder sonstige Instanz zu „verbürgen, wenn es sich nicht" im Zeugnis der Kirche „selbst verbürgte". (IV 2, 137) „Erkenntnis Gottes als Erkenntnis des Glaubens" sei „Gehorsam, ein Akt menschlicher Entscheidung entsprechend dem Akt göttlicher Entscheidung" (II 1, 27), also unbesorgt um eine objektive wissenschaftliche Begründung und um den Vorwurf der Willkür. Ähnlich ansetzende bedenkliche Entscheidungsphilosophien waren damals Heideggers Existentialismus („Entschlossenheit", „Sich-Entwerfen": Sein und Zeit, 1927, § 60), Carl Schmitts „Begriff des Politischen" (1927: bewußte politische Entscheidung der Parteinahme für die „Freund"- gegen die „Feind"- Gruppierung, und die dem entsprechenden nationalsozialistischen Philosophien (Rosenberg, Krieck, Heyse; hierüber: Gerhard Lehmann: Die deutsche Philosophie der Gegenwart, Stuttgart 1943, 489 ff.)

209 Fr. Hölderlin (1770-1843): besonders die Christus-Hymnen (wohl 1801 ff)
210 F. M. Dostojewskij (1821-1881): z.B. Der Idiot (1868), Die Brüder Karamasow (mit der Legende vom Großinquisitor), 1880
211 K. Marx (1818-1883): Zur Kritik der Hegelschen Rechtsphilosophie, 1843
212 Fr. Nietzsche (1844-1900): Umwertung aller Werte, 1. Buch: Der Antichrist (1888)

len.²¹³ Und Karl Barths kirchliche Dogmatik ist (wenn man im Widerspruch zu seiner Selbsteinschätzung²¹⁴ das Vorzeichen davor setzen darf, daß ihr Inhalt als mythisch zu verstehen sei) eine Fundgrube für die Einschärfung des christlichen Grundmythos, daß es in Jesus und seinem Geschick um Gott selbst gegangen sei, man im Sinn des Christentums nicht von Gott sprechen könne, es sei denn man nenne ihn mit dem Namen Jesu Christi.²¹⁵

Einige jüdische Gelehrte (besonders Hermann Cohen, Franz Rosenzweig und Martin Buber²¹⁶) verwiesen auf die einzig mögliche Lösung des Konflikts zwischen jüdischer und christlicher Theologie durch das Verständnis beider Religionen aus dem ihnen zugrundeliegenden, nicht einmal entgegengesetzten Mythos. Cohens Äußerung, daß der leidende Gottesknecht aus Jesaja 53 doch nicht im Ernst das Trennende zwischen Juden und Christen sein könne,²¹⁷ beleuchtet die Situation: Widersinnigerweise hat die Christenheit, obwohl sie – jedenfalls auch – unter dem Zeichen dieser – als in Jesus Christus verwirklicht gesehen – Gestalt in die Geschichte eingetreten war, jahrhundertelang aufs grausamste den Juden (wie den anderen „Ketzern") das Schicksal des leidenden Gottesknechts bereitet mit der Begründung, sie seien die Gottesmörder.²¹⁸ Entsprechend trat die Theologie Dietrich Bonhoeffers für eine religionslose Verwirklichung des Christentums nach dem Bild des leidenden Gottesknechts ein. Die Sorge um die eigene Auferstehung und die Forderung des Ja zum Apostolikum, befand er, führe vom Wesentlichen ab.²¹⁹ Die christliche Theologie muß an diesem zentralen

---

213 S. Freud (1856-1939): Die Traumdeutung, 1900, Vorlesungen zur Einführung in die Psychoanalyse, 1910.
214 Nur unter dem Namen Jesus Christus könne das von der kirchlichen Lehre Angebotene „Wahrheit sein. Ohne diesen Namen ist es ungesichert, ungeschützt, jedem Verdacht, Spekulation, Postulat oder Mythus zu sein, ohne weiteres ausgesetzt." (Kirchl. Dogmatik IV 1, 16)
215 „Gott ist der, dessen Name und Sache von Jesus Christus geführt wird." (Kirchl. Dogmatik III 4, 549 f); „Weil die außer und neben Jesus Christus gesuchte und vermeintlich gefundene Freiheit der göttlichen Immanenz praktisch immer nur unsere Gefangennahme durch irgendeinen Nicht-Gott bedeuten kann, darum muß ganz allein Jesus Christus als der gegenwärtige Gott verkündigt werden, ..." (II 1,359)
216 M. Buber (1878-1965): Zwei Glaubensweisen (1950): Jüdischer „Glaube" im Sinn des mit diesem deutschen Ausdruck übersetzten hebräischen Wortes, übereinstimmend mit dem Glauben *des* „Bruders" Jesus gegen den Glauben im Sinn des heidnischgriechischen Wortes *an* den vergöttlichten Jesus Christus.
217 H. Cohen (1849-1918) in: Religion der Vernunft aus den Quellen des Judentums (1919)
218 So Johannes Chrysostomos (344-407): Acht Predigten gegen die Juden (386/387)
219 D. Bonhoeffer (1906-1945) in Briefen „an einen Freund" vom 30. 4. u. 18. 7. 44 sowie in einem Entwurf zu einer Arbeit, der dem Brief vom 3. 8. beigelegt war (E. Bethge, Hg.: Widerstand u. Ergebung, 1951).

Punkt ihr Selbstverständnis ändern, indem sie die Lehren von der Fleischwerdung Gottes und der Dreieinigkeit auf neue Weise denkt, ohne allerdings das Richtige, das mit ihnen gemeint war und – nicht nur für Juden – stets „skandalös"[220] genug bleiben wird, preiszugeben. Doch darf das Christentum, wenn es bewußt das mythische Denken gemäß der schon im Neuen Testament aufgenommenen hellenistischen Ausdrucksform der Mysterienreligion[221] pflegt, nicht dieser auch darin folgen, daß es – wie sie – eine Einrichtung für die – im Grund magische – sakramentale Vermittlung und Garantie des Seelenheils der einzelnen Gläubigen wird.

Die ganze Schwierigkeit, den Weg des mythischen Denkens zu begreifen und sich auf ihn einzulassen, wird deutlich durch den Mißbrauch, den der Nationalsozialismus mit ihm trieb.[222] Mythisches Denken heißt nicht verantwortungslose Hingabe an irgendwelche vorgefertigte Bilder der Lebensverwirklichung. Es erfordert – und erübrigt nicht – rationale Regulierung nach einem Maßstab des Richtigen und Falschen. Um Reinerhaltung des christlichen Grundmythos und seiner Auslegung von Entstellung muß es der christlichen Theologie gehen, ein Tatbestand, der ganz deutlich wird, wenn wir daran denken, daß man – zu Recht – für die Katastrophe des Zweiten Weltkriegs nicht nur die Unchristlichkeit der Christen selbst,[223] sondern u.a. auch die Menschennatur, die der Tilgung der Sünden durch Gottes Selbstopfer oder der psychoanalytischen Aufarbeitung bedürfe,[224] und mythenraubende Aufklärung[225] verantwortlich gemacht hat.

Auch wenn sich eine derartige philosophisch gerichtete, liberale, die mythische Komponente einbeziehende Theologie zu desavouieren schien, indem sie für „Deutsches Christentum" und deutsche „Gottgläubigkeit" anfällig war,[226] bleibt

---

220   1. Korinther 1, 23: Der „gekreuzigte Christus" –: „Ἰουδαίοις σκάνδαλον" = den Juden ein Ärgernis = etwas Anstößiges)
221   z.B. Römer 6, 1-11
222   Besonders A. Rosenberg (1893-1946): Der Mythus des 20. Jahrhunderts, 1930: In der für den modernen Menschen seelenlosen, entgötterten Welt gelte es sich nüchtern an eine letzte Gegebenheit zu halten, die uns zum Handeln ermächtige; diese sei die „Rasse" (s. G. Lehmann, Deutsche Philosophie .... – S. 80, in Anm. 208 –, 510 ff)
223   Stuttgarter Erklärung des Rats der EKD vom 18./19. 10. 1945
224   G. Rutenborn: s. S. 29 mit Anm. 40; E. Neumann: s. S. 26 mit Anm. 32; vgl. auch Sartre.
225   Th. W. Adorno und M. Horkheimer: Dialektik der Aufklärung (1947)
226   Im Hitlerstaat auf der einen Seite die „Kirchenbewegung Deutsche Christen" (seit 1927) und die „Glaubensbewegung DC" (seit 1932), auf der anderen Seite eine große Zahl antijüdischer, für die „deutsche Art" eintretender, z.T. schon lange vor 1933 entstandener „deutschgläubiger Bewegungen", für deren Anhänger 1936 durch Ministerialerlaß die Bezeichnung „Gottgläubige" („Volksgenossen, die sich zwar von den anerkannten Religionsgemeinschaften abgewandt haben, die jedoch nicht glaubenslos

die philosophische – besonders ontologische – gedankliche Klärung dessen, was christlicher Glaube besagt,[227] für richtiges christliches Selbstverständnis wichtig. Die durch die Kantische Philosophie hervorgerufenen grundsätzlichen Erkenntnisskrupel stehen dabei, nachdem sie durch genauere Analysen auf ihren berechtigten Kern reduziert worden sind, nicht mehr im Wege. Nur darf man philosophische Klärung nicht mit einem Versuch, Gott zu beweisen, verwechseln und aus ihren Ergebnissen nicht dogmatisch nur eine zu glaubende Lehre machen. Die Schwierigkeit dieses Teils der Aufgabe und die weitverbreitete Unfähigkeit, sich ihr zu stellen, rühren daher, daß eben mit ihr tiefere Schichten des Menschlichen angerührt sind als nur das theoretische Denken. Es ist sehr verständlich, daß Kirchen ihre Gläubigen vor Diskussionen, die zu hohe geistige Ansprüche stellen und leicht das Problem auf die unangemessene rein intellektuelle Ebene bringen, bewahren und ihrem Christsein in Übereinstimmung mit der christlichen Wahrheit verantwortungsbewußt selbst die Richtung weisen möchten.

48. Kirchengeschichte als Versuch, Gott zur Macht zu verhelfen

Nebeneinander stehen für uns heute die große Macht, die Gott in Form des christlichen Geistes der Liebe und tätigen Hilfe überall in der Welt – z.T. beinahe flächendeckend – gewonnen hat, und seine offenbare Ohnmacht, schlimmste Verbrechen, die Menschen einander antun, zu verhindern, Verwirklichung von so etwas wie dem ersehnten Reich Gottes auf Erden und dessen Ausbleiben, Erfolg der Erziehung im Rahmen der stellvertretend für dieses Reich eintretenden Institutionen Kirche und Staat und ihr Mißerfolg. Die eschatologische Erwartung, daß Gott die Macht auf Erden ohne menschliches Zutun bald selbst ergreifen werde, war unerfüllt geblieben. Eine Staatsgewalt, die die Sache Jesu als heilbringende Wahrheit erkannt hat, muß im Gegensatz zu dem Unrecht, das einst eine frühere in seiner Person Gott selber antat, versuchen, ihr zum Durchbruch zu verhelfen. Für die Realisierung in einer nun doch fortdauernden Menschheitsgeschichte gibt das Neue Testament keine direkte Weisung, und es ist fraglich, inwiefern seine auf andere Zusammenhänge gemünzten Forderungen auf die neuen Probleme übertragen werden dürfen. Geschichtlich bedeutsam wurde die

---

sind") eingeführt wurde.- Karl Barth in „Evangelische Theologie im 19. Jahrhundert" (Zollikon-Zürich 1957), 19: „Und wer etwa 1933 noch immer im Bann der Theologie des 19. Jahrhunderts stand, der war, wenn er nicht durch besondere Gnade bewahrt war, hoffnungslos verurteilt, dem Nationalsozialismus gegenüber und im Kirchenkampf auf irgend ein falsches Pferd zu setzen."
227 So in Jacobys während der NS- und in der Nachkriegszeit entwickelter „theologischen Ontologie": s. S. 9 f mit Anm. 1

Tatsache, daß neben den Staat – ebenfalls mit dem Anspruch, Gottes Macht auf Erden aufzurichten – als zweite und, wie sie meinen konnte, zu dieser Aufgabe berufenere Institution die Kirche trat.

Mission als Bekehrung einzelner wurde überboten durch Übernahme des christlichen Glaubens für gesamte Völker und gewaltsame Christianisierung (der Sachsen durch Karl den Großen). Von der Verbreitung und Aufrechterhaltung, Lenkung und Vereinheitlichung des von der Kirche gepflegten christlichen Geistes im eigenen politischen Machtbereich erhofften sich – was bei einer entsprechenden Politik nicht unberechtigt ist – die Herrscher auch politische Stützung.

Es ging dabei nicht nur um Verbreitung christlicher ethischer Gesinnung und Verhaltensweisen, sondern – grundlegend auch für diese – zuerst um Festlegung der Bürger auf die der vom Christentum vertretenen Wahrheit entsprechende rechte Lehre. Schon das Ringen um sie war nicht eine rein geistige Auseinandersetzung, sondern ein Machtkampf. Konnte man sicher sein, mit den (durch Ausschluß Andersdenkender einmütigen) Entscheidungen der nach dem politischen Kalkül der römischen Kaiser gesteuerten Synoden tatsächlich dem heiligen Geist Gottes selbst Geltung zu verschaffen? Den Christen, die sich während der Verfolgung durch den römischen Staat behaupten mußten, half eine sehr einfache, etwas starre Theologie, nach der man sich allein zu Jesus Christus, nicht aber zum römischen Kaiser als Herrn und Gott bekennen mußte. Ähnlich war gegenüber dem Hitlerstaat der Weg dogmatischen Bekennens, nicht des liberalen Verstehens erfolgreich.[228] Zu schwer ist es anscheinend, als Christ allein durch seine Art des Menschseins auf die Gegner wirken und sie für sich gewinnen zu wollen.

In dem Kampf um die Glaubenswahrheit, die darüberhinaus in dieselben seelischen Tiefen hinabreicht wie das mythische Denken, erblickten die Christen ein Ringen übermenschlicher Mächte. Mittels Wahnvorstellungen, die biblisch gerechtfertigt wurden und im Volk breiten Widerhall fanden, dämonisierte man die Gegner, so daß man in ihnen den Teufel zu bekämpfen meinte, wodurch Kreuzzüge, Ketzer- und Judenbekämpfung jene Dimension erhielten, die sich auch in den jahrhundertelangen Hexenverfolgungen manifestierte.[229] So wurde ungewollt der zentrale Inhalt des Christusmythos aktualisiert, indem die vermeintlichen Stellvertreter Jesu Christi auf Erden den ungeliebten Sündenbock-Gott in Gestalt der Andersdenkenden und besonders der Juden immer wieder verketzerten und

---

228 Vgl. S. 83 in Anm. 226.
229 Biblische Belege z.B. 2. Mose 22, 17, 5. Mose 18, 10 ff; 1326 durch Papst Johannes XXII. (1316-1334) Gleichstellung der Zauberer mit Ketzern, Bulle Innocenz' VIII. (1484-1492) gegen die Hexen 1484, Hexenhammer 1487; letzte Hinrichtung einer Hexe in Europa: Polen 1793

verfolgten. Man ließ aus Sorge um die allgemeine Anerkennung der einen Wahrheit Vielfalt der Meinungen nicht zu. Die Menschen mußten, was sie dachten, z.T. ins Unbewußte verdrängen. Und das dem dann allein entsprechende Mittel, es zu bekämpfen, waren irrationale exorzistische Gewaltmethoden.[230]

Mit der Zeit lernte man, daß Berufung auf eine absolute Wahrheit in der Religion zu Tyrannei und Barbarei führt. In unseren heutigen staatsunabhängigen, synodal verfaßten evangelischen Kirchen wird die bekenntnismäßige Festlegung, da sie als unantastbar gilt, nicht mehr diskutiert. In ihnen (und im Katholizismus unter der Prämisse des unfehlbaren päpstlichen Lehramts) ergibt sich bei proklamierter bekenntnismäßiger Bindung, auf welche die Pfarrer verpflichtet werden, aus Belehrung und Anleitung durch theologische Lehrer und Ausbilder und der, wie man hofft, verantwortungsbewußten Verarbeitung der empfangenen Anregungen durch die Auszubildenden selbst die den Gemeinden zu vermittelnde richtige christliche Orientierung. Dem Problem, wie diese heidnischen Bevölkerungen wirklich nahegebracht werden kann, – ohne sie durch dogmatischen Unverstand zu entwurzeln und zu schädigen – stellt sich die Mission heute in viel differenzierterer Weise als früher. Einungsbestrebungen der Kirchen zeitigten von Anfang an nur Teilerfolge, vertieften fast immer die Trennung von den anderen und riefen neue Spaltung hervor, da man nicht allgemein bereit war, etwa eine Einheit unter dem Papst als die gebotene Unterordnung aller Christen unter Gott zu begreifen.[231] Als verheißungsvoller erwies sich – manchen unvermeidbaren Spannungen zum Trotz – die vorwiegend aufs Praktische gerichtete Zusammenarbeit im Ökumenischen Rat, in dem die Besonderheiten der Kirchen nicht als Trennendes, sondern als Bereicherung gewertet werden.[232] In der jüngsten Geschichte übernahmen ideologisch ausgerichtete totalitäre Staaten das Prinzip der von jedermann anzuerkennenden, von höchster Stelle festgesetzten absoluten Wahrheit von den Kirchen.

Heute (und im Katholizismus seit dem Verlust fast des ganzen Kirchenstaates) erscheint die Aufgabenverteilung zwischen Kirche und Staat klar: Der

---

230 Vgl. E. Neumann (s. Anm. 32 auf S. 26): Beseitigung des teuflischen Bösen durch Unterdrückung z.B. durch ein Sündenbock-Ritual: a.a.O., 37 ff, Fischer-TB 38 ff.

231 Gedacht ist hier z.B. an den Einungsversuch eines byzantinischen Kaisers 482, der zum Schisma der Ost- und Westkirche 484-519, oder an den Machtanspruch auch über die Ostkirche des Papstes Nikolaus I. 863, der zum Schisma von 867-869 und 877-886 führte, aber auch an Versuche wie die der Disciples of Christ (1809) oder der Apostolisch-Katholischen (1832), durch neugegründete Gemeinschaften die Trennung der alten Kirchen zu überwinden.

232 Nach der Entstehung christlicher Weltjugend- und konfessioneller Weltbünde von 1891 sowie von Weltmissionskonferenzen von 1907 an Weltkirchenkonferenzen 1925 und 1927, Gründungs-Vollversammlung des Ökumenischen Rats der Kirchen in Amsterdam 1948.

Instanz, die über die Macht verfügt, Ordnungen mit Gewalt durchzusetzen, steht diejenige gegenüber, die rein geistig Orientierung gibt. Durchsetzung der Macht Gottes auf Erden bedeutete in der Kirchengeschichte nicht nur Durchsetzung des vermeintlich wahrheitsgemäßen Denkens über Gott und des dementsprechenden ethischen Verhaltens, sondern auch ein Ringen um die Frage, welche Instanz für die Entscheidung zwischen wahrhafter und in die Irre führender Prägung der irdischen Vorform des Reiches Gottes zuständig sei. Im Mittelalter erhob der Papst als Führer der Kirche (des Westens) den Anspruch, er, nicht der König oder Kaiser, sei derjenige, dem Machtausübung im Namen Gottes zustehe. Nachdem zunächst nur das Recht der Kirche thematisiert worden war, ihre Ämterbesetzungen selbst zu regeln, mischte er sich bald rein weltlich in die Politik der Staatsführer ein, die in den Dienst kirchlicher Ziele, die er zu Gottes eigenen erklärte, gestellt werden sollte. Der Eindruck einer Politik der Kirche (oder des Staates in ihrem Dienst) mit weltlichen Mitteln war noch peinlicher als der einer religiös verbrämten der Staaten.[233] Die Kreuzzüge fanden ihre Fortsetzung in Religionskriegen zwischen den christlichen Konfessionen, die jedenfalls zunächst angeblich nur geführt wurden, damit die eine christliche Wahrheit bei der Bevölkerung in Geltung bleibe.[234]

Mitunter bilden sich Christen ein, die Machtfrage als für sie nicht existent ignorieren zu dürfen. Eine solche Selbsttäuschung lag z.B. nahe, wenn Gläubige unter Berufung auf die Bergpredigt Staat, Eid, Ehe und Krieg prinzipiell verwarfen[235] und damit ein Zeichen setzten, ohne daß ihre Haltung hätte von allen nachgeahmt werden können, oder Müntzer und (innerhalb des englischen Independentismus) Oliver Cromwell[236] die menschlichen Einrichtungen Staat und Kirche als verächtlich ansahen, um – freilich ohne überzeugendes Ergebnis – selbst mit Gewalt den Gotteswillen zu vollstrecken, oder Luther äußerte, der Christ als Politiker müsse sich unchristlich verhalten (da man nicht nach der Bergpredigt regieren könne),[237] womit er doch nicht ernst genug nahm, daß nach seiner eigenen Erkenntnis gerechtfertigte Sünder die wirklichen und wenigstens partiell zum Tun des Guten befreiten Christen sind. Während er die weltliche Ob-

---

233 Entwicklung von Nikolaus II. (1058-1061, Papstwahldekret 1059) über Gregor VII. (1073-1085, Dictatus Gregorii Papae 1075, Gegnerschaft Heinrichs IV., 1056-1106, mit dem Brief von 1076: „Denn unser Herr Jesus Christus hat uns zur Königsherrschaft, Dich aber nicht zum Priesteramt berufen", und Gang nach Canossa 1077) bis zu Innocenz III. (1198-1216) und Bonifatius VIII. (1294-1303)
234 Schmalkaldischer Krieg 1546-1547 und wenigstens anfangs der Dreißigjährige.
235 s. S. 76 mit Anm. 188.
236 Geboren 1599, Sieg seines Parlamentsheeres 1648, Lord-Protektor 1653-1658.
237 M. Luther: Von weltlicher Obrigkeit, wie weit man ihr Gehorsam schuldig sei (1523), Weimarer Ausgabe XI, 251 f.

rigkeit als die Instanz betrachtete, die für Organisation und Reformation der Kirche verantwortlich sei, vernachlässigte er deren eigene politische Dimension, wie er sie im Papsttum verwirklicht sah. Indem er dieses verwarf, hatte Kirche bei ihm im Grunde nur die unpolitische Funktion, ihren Gläubigen die Seligkeit zu vermitteln.

Nach dem Schwinden der Glaubwürdigkeit und des Einflusses der Kirchen (als Treuhänderinnen der Macht Gottes) durch die Religionskriege (später überboten durch die Auswirkungen der industriellen Revolution) wurden infolge der Aufklärung Trennung von Kirche und Staat sowie Religionsfreiheit als sachgemäß erkannt und weithin verwirklicht, was allerdings z.T. in der Auffassung bestärkte, Christen hätten sich von der Politik fernzuhalten. Die katholische Kirche, die rasch lernte, durch Handhabung der parlamentarischen Möglichkeiten Politik zu beeinflussen, zeigt Profil als eine Größe, die gegenüber weltlichen Instanzen die Sache Gottes durchzusetzen sucht.[238] Und entwickelt hat dieses auch der Protestantismus, in Deutschland seit Aufhebung der Einheit von Thron und Altar besonders in der Hitlerzeit. Sofern der christliche Geist durch christliche Parteien in der Politik vertreten wird, erscheint er im demokratischen Wettkampf der Meinungen als durchsetzungsfähig nur, indem man um die Menschen wirbt. Christen begeben sich damit auf ein für die Vertretung der weiter absolut gesetzten christlichen Wahrheit schwieriges Parkett. Sie haben so wenig eine Gewähr, daß der Versuch gelingen wird, immer zwischen von ihnen verfolgten göttlichen und bloß menschlichen Zielen klar zu unterscheiden, wie der Ökumenische Rat der Kirchen bei seinen Bemühungen auf sozialpolitischem und ethischem Gebiet. Die Christen mußten sich damit abfinden, daß Gott seine Macht nicht anders durchsetzt als durch seine Ohnmacht und die Schwachheit seiner irdischen Zeugen. Neben der politischen Aktivität der westlichen Kirchen steht – trotz Mitarbeit im Ökumenischen Rat – das überwiegende politische Versagen der dem Mythischen in Form des Mysteriums der Sakramente besonders verpflichteten Ostkirchen in ihrer traditionell harmonischen Symbiose mit dem Staat,[239] in Sowjetrußland, nachdem die dortige gleich nach der Oktober-Revolution ihre ihnen nun verwei-

---

238 Katholische Publizistik ab 1814; nach 1848 Aktivität im Frankfurter Parlament, katholische Vereine, Katholikentage und katholische Partei im preußischen Landtag (seit 1859 „Zentrum").
239 Z.B. die „Loyalität" (1927) der russisch-orthodoxen Kirche gegenüber und ihre enge Verbundenheit mit dem Sowjetstaat seit dem Endkampf und -sieg gegen Hitler-Deutschland sowie das gute Verhältnis der rumänischen und bulgarischen orthodoxen Kirchen zum sozialistischen Staat nach 1945. Zur Spiritualität der Ostkirchen: z.B. Dostojewskij: Brüder Karamasov, Edzard Schaper: Die sterbende Kirche (1936).

gerte Duldung und Förderung durch den Staat noch als ihr gutes Recht beansprucht hatte.[240]

49. Begründung in der Religionsgeschichte

Innerhalb der Religionsgeschichte ist das Christentum eine Sonderform des allgemeinen, in der Menschheitsgeschichte von Anfang an gegenwärtigen Phänomens der Religion: des geistigen und seelischen Ringens des Menschen um seinen Stand in der Welt, der sich dadurch kennzeichnet, daß er – umfangen vom Rätsel des ontischen Ursprungs und Sinns seines Seins[241] – Angst vor der Bedrohung durch andere Mächte und Menschen hat, nie den vollen Überblick über seine eigene Lage besitzt, unfrei-frei ständig neue Entscheidungen treffen muß und darunter leidet, sich nie garantiert einwandfrei verhalten zu können. Zwar haben wir grundsätzlich kein Wissen über eine göttliche Wirklichkeit und ihr Einwirken auf uns. Religionsgeschichtlich haben sich aber die Menschen zu allen Zeiten phantasiegeleitet – im einzelnen sehr unterschiedliche – Vorstellungen von diesem Unfaßbaren gebildet.

Religionsgeschichtlich sich das Christentum verständlich zu machen heißt, es sich aus dem alttestamentlichen Judentum und dieses aus den Vorformen zu erklären, aus denen wiederum es hervorgegangen ist.[242] Ägyptische und persische Einflüsse wirkten sich in Monotheismus, Apokalyptik, Auferstehungsglauben und Königsideologie des Judentums der Zeit vor dem Auftreten Jesu aus. Die Entwicklung des jüdischen Synagogen- anstelle des Tempelgottesdienstes seit dem babylonischen Exil und endgültig seit der Niederwerfung durch die Römer[243] – bereitete die christliche Gottesdienstform vor. Zum Teil dem Griechentum entstammende Gnosis und Mysterienreligion machten sich in der christlichen Deutung der Gestalt und des Todes Jesu geltend.[244] Pantheismus[245] und Bilderfrömmigkeit[246] kamen später als weitere Anregungen aus der ausgehenden

---

240 So der russische Patriarch Tychon (1865-1925) in den Jahren 1917-1922
241 Jacoby: Theologische Ontologie: s. Anm. 1 auf S. 10.
242 Einerseits Vater-, Mutter- und Sohngottheiten z.B. noch in der Baal- und El-Verehrung, andererseits Vätergötter und Jahwe: vgl. S. 75 mit Anm. 185 sowie Sieben-Tafel- und Gilgamesch-Epos: s. S. 19.
243 587 vor bzw. 70 nach Chr. (Zerstörung des ersten bzw. zweiten Tempels).
244 s.o.: S. 70 f.
245 Vor allem aus Stoa und Neuplatonismus.
246 Bilderverehrung entgegen dem alttestamentlichen Verbot im Christentum seit dem 3./4. Jahrhundert; nach erbitterten Kämpfen durch die 7. ökumenische Synode zu Nicäa 787 und nochmals 843 in Konstantinopel (daran erinnernd „Fest der Orthodoxie") abgesegnet.

heidnischen Antike, Rechtsdenken (auch im Dogmatischen) aus der römischen und z.T. aus der germanischen Welt. Wie für das Judentum stellte sich die für das Christentum in der kirchengeschichtlichen Perspektive zu bearbeitende Frage, in welcher Etappe (ob etwa in seinem Anfang oder erst nach jahrhundertelangen geschichtlichen Erfahrungen und geistesgeschichtlicher Klärung) sein Wesen in wirklich authentischer Gestalt greifbar wurde.

In die Entwicklung der Lage und des Agierens des Christentums unter den anderen Religionen mischt sich – schon das auf sein Wesen ein bezeichnendes Licht werfend – die Tatsache, daß jedenfalls zwei Religionen aus ihm (wenn auch nicht mit wirklicher Kenntnis seines Wesens) samt seinen aus dem Zarathustrismus stammenden Elementen haben hervorgehen können: der Manichäismus[247] und der Islam. Aufrichtung des Reiches Gottes konnte also als Aufgabe militärischer Eroberung verstanden werden. An das alttestamentliche Paradigma des Jahwekrieges[248] konnten sowohl die Christen mit ihren Kreuzzügen zum Schutz ihrer Pilger in „ihrem" heiligen Land und mit der gegen die türkische Bedrohung geschlossenen „heiligen Liga"[249] als auch die Moslems mit ihren „heiligen Kriegen"[250] anknüpfen. Glauben Christen und Moslems, fragte sich da, an ein und denselben Gott? Ist dieser Glaube Unterwerfung unter dessen Willkür und unter eine staatlich zur Herrschaft gebrachte Doktrin oder das persönliche Vertrauen in seine Barmherzigkeit? Ist die christliche Rede vom gekreuzigten Christus und Gottessohn eine als solche akzeptable Erläuterung zu diesem Thema oder Drei-Götter-Polytheismus? Müssen weltliche und religiöse Machtausübung als Einheit oder – und wie dann? – als voneinander zu trennende Größen gehandhabt werden? Johannes von Damaskus und Thomas von Aquin sahen den Islam als Häresie des Christentums.[251] Luther verwarf ihn wegen seines

---

247 Mani (216-277) gründete, auch er in Persien, eine neue Buch-, die zu einer bis ins 14. Jahrhundert bestehenden Weltreligion wurde, in der er den Grundgedanken der zarathustrischen Religion (vom Nebeneinanderbestehen der Mächte des Guten und des Bösen) wieder aufnahm und mit der indischen Vorstellung der Seelenwanderung und Wiederverkörperung verband. Er sah u.a. Abraham, Buddha, Zarathustra, Jesus und Paulus als seine Vorgänger und sich als den im Johannesevangelium (15, 26; 16, 7) verheißenen Paraklet (s. Anm. 62 auf S. 39).
248 Richter 4; 6 f., Josua 6-12
249 1684, unter Papst Innocenz XI.(1676-1689). Luther gegen diese religiös überhöhende Deutung dieses Kampfes: Vom Krieg wider die Türken, 1529
250 Über diesen „kleineren jihad/dschihad" (= „Anstrengung" oder „Kampf") im Unterschied zu dem gegen das Böse gerichteten „größeren" und die Frage, ob die Handhabung auf christlicher oder muslimischer Seite humaner war, s. z.B. Malise Ruthven: Der Islam, engl. 1997, dtsch. 2000.
251 Johannes ca 700-749, Thomas (1225 od. 26-1274) in seiner „Summa de veritate catholicae fidei contra gentiles" (1261-64)

gesetzlichen und antitrinitarisch-philosophischen Denkens als in der Bibel für die Endzeit prophezeite antichristliche Macht.[252] Die kämpferische Form des Islam in jüngster Zeit wirkt abermals auf das Christentum zurück, indem es ihm vor Augen führt, was es mit der Trennung von Kirche und Staat und kritisch-historischem und z.T. auch dem psychoanalytischen Selbstverständnis vor jenem voraus und daß es das Wissen, auch selbst eine religiös-politische Macht zu sein, nahezu eingebüßt hat.

Religionsgeschichtlich bedingte Veränderungen des Christentums in der Zeit, als es – mit dem Anspruch, selbst die einzig wahre Religion zu sein – den „Heiden" gegenübertrat, riskierten die Nestorianer,[253] indem sie das Bekenntnis zu für die Moslems anstößigen Elementen der christlichen Lehre vermieden und diese als Missionare (hauptsächlich in Zentralasien) an Buddhismus, Taoismus und Manichäismus anpaßten, was ihnen später Jesuiten in Südchina und Indien durch Anknüpfung an Konfuzianismus und Hinduismus gleichtaten.[254] Im Zusammenhang mit dem Nationalsozialismus gab es in Deutschland Versuche, das Christentum „arisch", „nordisch" und „germanisch" umzugestalten oder durch eine derartige Religiosität zu ersetzen.[255] Wenn auf dem 2. Vatikanischen Konzil (1962-1965) die Erklärung über das Verhältnis der (katholischen) Kirche zu den nichtchristlichen Religionen und seit 1969 entsprechende Äußerungen des Ökumenischen Rats kirchenoffiziell den Weg zu interreligiösen Gesprächskontakten und zu einer Zusammenarbeit ebneten, so über mehrere Jahrhunderte religionsgeschichtlich vorbereitet durch das erneute Aufgreifen des griechisch- und römisch-antiken, mehr philosophischen und auch dichterischen Denkens in Humanismus, Aufklärung, Klassik, Idealismus und Romantik.[256] Die Verzahnung der christlichen und jüdischen Geschichte bis hin zum Massenmord an den Juden durch Deutsche verlangte dem Christentum eine (erst in Ansätzen vollzogene) grundlegende Kursänderung ab: weg von seinem sehr alten verhängnisvollen Selbstmißverständnis (als seien die Juden aller Zeiten die den Tod Jesu veranlassenden „Gottesmörder") auf eine Bahn, in der es als eine abgeleitete Form

---

252 Lukas 21, 28; Offenbarung des Johannes 13; Luther: Eine Heerpredigt wider den Türken, 1530.
253 Die unter muslimische Herrschaft gekommenen persischen Christen, die seit der Mitte des 8. Jahrhunderts durch Übersetzungen (aus dem Griechischen über das Syrische oder direkt ins Arabische) Vermittler des spätantiken Erbes an die Moslems wurden.
254 Seit 1583 in Südchina, seit 1605 in Indien. „Ritenstreit".
255 Vgl. S. 82 f mit Anm. 226.
256 Z.B. Erasmus von Rotterdam, Lessing, Goethe, Schopenhauer und die Brüder Schlegel sowie das anschließende Aufblühen wissenschaftlicher Erforschung der fremden Religionen.

wahren Judentums neben dessen originärer geschichtlicher Erscheinung bestehen kann.

Die Religionen, so können wir es heute sehen, arbeiten an denselben Problemen, drücken wenigstens zum Teil Ähnliches oder sogar Identisches je anders aus oder haben über es unterschiedliche Meinungen, die man vergleichen und gegeneinander abwägen kann. Überholt ist die Auffassung, das Christentum sei wegen seines personalen, geschichtlichen und jedenfalls nicht spekulativ-ontologischen Charakters, da es sich an Jesus Christus als Herrn und als die Wahrheit und nicht, wie die anderen Religionen, an von Menschen erdachte Götzen halte, über diese erhaben. Wenn der Hinduismus nicht allein einen Theismus und der Buddhismus den Begriff einer letzten Wirklichkeit nicht gelten läßt, so weil Gott mit menschlichen Begriffen erfassen zu wollen letztlich scheitern muß. Bei der hinduistischen Selbstverwirklichung im Einswerden des eigenen mit dem göttlichem Welt-Selbst z.B. durch Meditation und Yoga geht es um dasselbe Problem, dem alle Mystik, der Moslem mit der Hingabe an Gott und der Christ gerecht zu werden sucht, wenn er auf andere Weise – vom Fluch der von Gott trennenden Sünde erlöst – im Gebetskontakt mit Gott am Leiden und Auferstehen Jesu teilnehmen will.

Eine Art, aus dieser Problemlage die praktische Konsequenz zu ziehen, sind synkretistische Versuche. Schon vor den Kreuzzügen gab es islamische Denker, denen z.B. Christus und Mohammed gleichviel galten und die Einbildung, eine bestimmte Auffassung des Wesens des Göttlichen sei die allein wahre, zurückwiesen.[257] Der Gründer der christliche mit jüdischen und islamischen Elementen verschmelzenden Bahai-Religion, der sich „Baha Ullah" („Herrlichkeit Allahs") nannte, präsentierte sich seit 1863 als den im Johannesevangelium (Joh. 16, 13) verheißenen, in Gestalt des Geistes der Wahrheit wiederkommenden Christus.[258] Gelehrte Hindus konnten Jesus in ihrer Alleinheitslehre durchaus auch einen Platz einräumen und behaupten, Hinduismus erwiese sich dann als

---

257 Z.B. der arabische Dichter und (zuletzt) Einsiedler Al-Ma'arri (973-1058), der als gegen den Dogmatismus kämpfender Moslem islamische Dogmen lächerlich machte, oder der persische Mystiker und Dichter Sana'i (1150), der dem im Buddhismus (im angeblich im 1. Jh. v. Chr. fixierten Pali-Kanon: Udana VI, 4) gegen zänkische Lehrstreitigkeiten innerhalb dieser Religion gewendeten Gleichnis von den die wahre Gestalt eines Elefanten erkundenden Blinden eine weitergehende Bedeutung gab, oder der in Spanien geborene Mystiker Ibn Al-Arabi (1165-1240), der äußerte, er sei gleichermaßen für indische Weisheit, Christentum, sogenannte Götzen, Thora und Koran samt dem mekkanischen Tempelgottesdienst aufgeschlossen.
258 Er lebte 1817-1892. Der gebürtige Moslem „Bab" (1819-1850) hatte ihn als den „Man-Jushiruhullah" („der Allah offenbaren wird") angekündigt.

vollendetes Christentum.[259] Die aus der Theosophischen Gesellschaft hervorgegangene Anthroposophie des gebürtigen Katholiken Rudolf Steiner glaubte der Menschheit „den" neuen Weg zum Heil weisen zu können, indem seine „Geistes-Wissenschaft" Goethische Motive und Haeckelschen Monismus sowie hinduistische Karma-Lehre und den Glauben an den Christus, den Erlöser, der in jedem Menschen Gestalt gewinnen will, miteinander verband.[260] Solche Versuche sind, abgesehen davon, daß die Bahai-Religion den schon biblischen Irrtum der Naherwartung des Messias, Menschensohns oder Mahdis wiederholt, mutige Annäherungen an die im Nebeneinander der Religionen und ihrer bisherigen Geschichte liegende geistige Herausforderung. Aber auch die interreligiösen Versuche einer Zusammenführung getrennter Lager vermehren die Zersplitterung. Daher erhoffen mit Recht die traditionellen Religionsgemeinschaften allein von einer authentischen Vertretung der jeweils eigenen Glaubensrichtung einen fruchtbaren Dialog. Deren geschichtlich in Erscheinung getretenes, mit nichts anderem vermischtes Wesen gelte es vorrangig möglichst genau zu erfassen.

50. Philosophische Begründung

Es nützt gar nichts, das Philosophische in fremden Religionen zu beklagen und, daß eben solches auch in der eigenen steckt, zu übersehen, statt genau zu erfassen, was in welcher Religion über welches Problem gelehrt wird und was der betreffende Glaube menschlich bedeutet. Alles Denken der Menschen enthält Voraussetzungen, die die Philosophie ins Bewußtsein zu heben und gegebenenfalls zu klären hat. Das gilt auch für jede Deutung der Grundsituation menschlichen Lebens und für Richtlinien des religiös und ethisch richtigen Verhaltens, und zwar unabhängig davon, ob wir die zur Diskussion stehenden Gedanken aus uns selbst oder von anderen haben, also auch für Interpretation und Weisung, die wir der Bibel entnehmen. Jeder Bibelleser macht – meist geistesgeschichtlich bedingt – solche Voraussetzungen. Nicht jeder muß sich dies vergegenwärtigen. Wenigstens partiell erforderlich ist es bei der Auseinandersetzung mit anderen geistigen Positionen, wenn ein Aneinandervorbeireden vermieden, Verständnis und Verständigung erreicht werden soll.

Philosophie steht hier für Wissenschaftlichkeit schlechthin. Alle Einzelwissenschaften einschließlich der Theologie sind dieser verpflichtet, einer Geisteshal-

---

259 1828 der Brahma-Samaj des Ram Mohan Rai (1772-1833), die Mission Ramakrishnas (1856-1886) und Svami Vivekanandas (1862-1902).
260 1875 Helena P. Blavatzkys Theosophische, 1913 Steiners (1861-1925) Anthroposophische Gesellschaft; Ernst Haeckel (1834-1919): Die Welträtsel (1899), 1906 sein „Deutscher Monistenbund".

tung, die sich der Grenzen ihres tatsächlichen und des überhaupt möglichen Wissens bewußt ist, sich bei Unerkennbarkeit eines Sachverhalts deren Grund klar macht und auch Dinge gelten läßt, die so mannigfach und individuell sind, daß sie sich einer generalisierenden Erfassung entziehen. Versteht man Wissen weit genug, so kann man auch das mythische Denken als eine – bei bestimmten Themen angemessene – Art des wissenschaftlichen und philosophischen Erfassens betrachten.

Dieses ist sachgebunden, anerkennt kein Fürwahrhalten auf Grund autoritativer Behauptung, auch nicht in Glaubensfragen, so bedeutsam praktisch z.B. das Lehrer-Schüler-Verhältnis sein kann. Widersprüchlichkeit des Denkens nimmt man hier nicht hin, auch nicht zwischen Theologie auf der einen und Naturwissenschaft, Philosophie oder Psychologie auf der anderen Seite, ohne aber die Vielschichtigkeit der Probleme zu übersehen. Hier darf man sich nicht mit Berufung auf einen – etwa einen „idealistischen", „materialistischen", „marxistischen", „bürgerlichen" oder „christlichen" – „Glaubensstandpunkt", für den Einigung mit einem anderen von vornherein unmöglich sei, der Pflicht zur Verständigung – und das heißt auch immer: der uneingeschränkten Bereitschaft zu Rechtfertigung, Überprüfung und Korrektur seiner Gedanken – entziehen.

Die Ablehnung der Philosophie bei Paulus, die sich ähnlich Luther zu eigen machte, muß auf das tatsächlich Gemeinte reduziert, im übrigen aber aufgegeben werden: Paulus verwirft mit Recht geistvolle Versuche, in der christlichen Verkündigung die töricht klingende, aber lebenswahre Botschaft vom gekreuzigten Christus zu umgehen. Aber kritische Prüfung dieser Botschaft ist erlaubt, nötig und nicht zu fürchten, wir wären denn von ihrer Wahrheit nicht überzeugt.

Die Philosophie geht aus von der alltäglichen, auch von den Wissenschaften gehandhabten Begrifflichkeit, mit der wir uns in unserer Weltwirklichkeit vorfinden und orientieren. Wir erleben uns und einander – in der Sorge um unsere primitiven und verfeinerten Lebensbedürfnisse ebenso wie in der Teilhabe an der Kultur – als Wesen aus Fleisch und Blut, Seele, Geist und als Glieder übergreifender gesellschaftlicher und politischer Bezugssysteme, haben persönlich und politisch voreinander Angst, gegeneinander Mißtrauen oder zueinander Vertrauen, fürchten, hassen und lieben einander.

Können wir philosophisch klären, mit welchem – zwar nur relativem – Recht wir die Welt (auch wenn die wirklichen Dinge und Personen um uns auf uns unvorstellbare Weise anders sein dürften, als sie uns in unserer durch Sinnesorgane und Gehirn vermittelten Erfahrung erscheinen) so, wie wir sie erleben, als die Wirklichkeit nehmen und uns demgemäß erleidend und agierend in ihr bewegen,[261] so – was noch viel problematischer ist – auch, inwiefern wir nach dem

---

261 Vgl. S. 14 und 17 f.

Woher und Wozu unseres Seins fragen dürfen, was wir erst recht nur auf eine unangemessen-kindliche Weise können. So wenig Philosophie für die Erfassung unserer und der uns umgebenden Weltwirklichkeit ein eigenes Begriffssystem künstlich erdenkt, sondern das vorgefundene, überall von den Menschen gehandhabte durchleuchtet, ersinnt sie eine eigene philosophische Theorie über den Sinn unseres Lebens. Sie geht auch hier von dem in der Menschheit in Gebrauch stehenden Denken aus. Und das ist das religiöse, bei uns – auch gemäß der bisherigen Geschichte der Philosophie – immer noch großenteils das christliche. Die Philosophie sucht lediglich möglichst genau zu verstehen, was der christliche Glaube eigentlich „meint", um die Untersuchung dann auch auf die anderen Religionen auszudehnen.

Grundlegend ist dabei die von der theologischen Ontologie[262] behandelte Frage, was Glaube an einen göttlichen Weltschöpfer eigentlich bedeutet. Der Kern des Gottesglaubens, nämlich das in jeder Lebensbejahung praktizierte Vertrauen, daß es mit der Sinnhaftigkeit des Lebens seine Richtigkeit habe, zeigt sich da, ist in so gut wie jeder Menschenseele präsent.[263] Der Gegensatz wäre das existentialistische angstvolle, verzweifelte ontische[264] Hängen über dem Nichts, dessen folgerichtige praktische Umsetzung das Zerbrechen des Lebensmutes wäre, den sich die Existentialisten aber durch die Vorstellung von einem Tanz am Abgrund völliger Ungeborgenheit gerade aufs höchste gesteigert denken. Was mit dem Fortbestehen oder Zerbrechen des Grundvertrauens gemeint ist, läßt sich am deutlichsten erläutern, wenn man sich unsere Welt gemäß der theologischen Ontologie so von einem Gott gleichsam „ausgedacht" vorstellt, wie ein Dichter einer Romanwelt durch sein Dichten ein erdachtes Sein erteilt. Gottvertrauen hieße glauben, daß der Welt-Dichter es gut mit seinen Geschöpfen meint, ihr Leben in ihm einen Sinn hat. Den Schöpfer und den Akt der Schöpfung ebenso wie deren Ziel sucht man dabei nicht temporal an einem frühen bzw. späten Zeitpunkt innerhalb ihrer selbst, sondern in ontischer Richtung, in der nach diesem Glauben unsere Welt, und erstrecke sie sich räumlich und zeitlich ins Unendliche, als eine Wirklichkeit minderer Realität von der wahren göttlichen Wirklichkeit abhängt. Wieder lehrt die Philosophie, daß man sich trotz der Unangemessenheit des Bildes, deren man sich bewußt sein muß, für das Gemeinte seiner doch mit gutem Gewissen bedient, weil man über eine treffendere Vorstellung nicht verfügt. Und so lehrt sie uns, daß unsere Gebete und Träume als Versuche der Kontaktaufnahme zu Gott sowie unsere Vorstellungen von einem Gericht, vor dem wir uns für unser Tun und Lassen dereinst werden verantworten

---

262 s. S. 9 f mit Anm. 1
263 Vgl. S. 15.
264 Vgl. S. 28 mit Anm. 36

müssen, weil wir sie nur als im Temporalen Befangene vollziehen können, unsachgemäß und doch das sachgemäßeste uns Mögliche sind.

Für die historische Wirklichkeit der Religionen in der Welt der immer – im Guten und Bösen – geistbestimmten Menschheitsgeschichte setzt die Philosophie streng auf die für die jeweiligen Sachfragen zuständigen Wissenschaften: für Vorstellungen über die Natur auf die Naturwissenschaft, für das als geschichtliche Fakten Berichtete auf die Historie, z.b. für die Frage, was das alte Israel, Jesus, seine Gläubigen und die Kirche wirklich getan, gesagt und erlebt haben, und entsprechend für andere Religionen. Wichtiger aber ist die philosophische Frage, was gemeint sei, wenn Menschen an die Heilswirkung eines geschichtlichen Geschehens für alle kommenden Geschlechter glauben. Da behauptet man – philosophisch gesehen –, an dem einst Geschehenen lasse sich eine nunmehr zeitlos gültige, ins Allgemeine erhobene Wahrheit ablesen. Das könnte heißen, hier sei eine geschichtliche Person und ihr Tun und Leiden ein Vorbild, das es nachzuahmen gilt. Aber darüber geht der Sinn jener Heilslehre weit hinaus. Sie spannt unser individuelles, in gesellschaftliche und politische Bezüge eingebettetes Leben in den notgedrungen wieder zeitlich vorgestellten Rahmen einer Geschichte vom anfänglichen Zuhausesein bei Gott im Paradies bis zur endzeitlich erwarteten Heimberufung zu ihm in sein sichtbar alles umfassendes Reich. Der Erlöser wird so, zeigt die philosophische Analyse, zur sich mit seinem Wesen den Gläubigen und ihrer Gemeinschaft von der jenseitigen Gotteswirklichkeit her aufprägenden, sie bestimmenden und umgestaltenden realen, mythisch und sakramental vergegenwärtigten, psychologisch zu würdigenden Macht.[265] Auch das gehört wieder zu den philosophisch infrage gestellten und – bei entsprechendem Problembewußtsein – als gerechtfertigt befundenen, für uns nicht durch etwas Sachgemäßeres zu ersetzenden Denkfiguren. Mehr als deren Sinn zu analysieren leistet die Philosophie nicht. Sie kann nachweisen, was sie zum Ausdruck bringen und was uns nahelegt, uns ihrer zu bedienen, nicht aber sie als richtig erweisen und durch Beweise zum Glauben nötigen.[266]

51. Begründung in der Psychologie

Da es in der christlichen Glaubenslehre in der Sache u.a. um praktische Fragen seelischer Veränderung gemäß der christlichen Ethik und insbesondere um den Umgang mit dem Sündenbockphänomen geht, ist die Psychologie zu Rate zu

---

265 Vgl. S. 21-24, 27, 31
266 Die „Theologische Ontologie" Jacobys (Anm. 1 auf S. 10) behandelt zu einem großen Teil auch diese über die Klärung des Schöpfungsbegriffs hinausgehenden Themen.

ziehen. Auch Erscheinungen der Kirchengeschichte – z.B. Ketzerverbrennungen und Hexenverfolgungen – weisen auf diesen Weg. Eine Bestätigung hierfür von philosophischer Seite war Jaspers' klärendes Wort in der Entmythologisierungs-Diskussion.[267] Wichtig ist die von ihm erwähnte Möglichkeit, im mythischen Denken vor Augen Tretendes anzunehmen oder abzulehnen, wobei einmal Abgewiesenes nicht für immer verworfen sein müsse. Menschen können z.B., indem positive seelische Veränderungen durch eine Psychotherapie bewirkt werden, Klarheit der ethischen Orientierung und die Fähigkeit gewinnen, sich nach ihr zu richten.

Überhaupt erwiesen sich für die sittliche Orientierung Anregungen der Tiefenpsychologie als besonders wichtig. Denn durch deren Art des Verstehens von Träumen und Mythen können wir vor Augen gestellt bekommen, nacherleben und in uns wirksam werden lassen, was im paulinischen Bild vom Sühnetod Jesu über die Formel hinaus an Realität des Lebens enthalten ist. Erst, wenn man diese Lehre so auffaßt, gibt sie zu erkennen, daß sie ganz wesentlich von grundlegenden, im Menschenleben allgegenwärtigen soziopsychischen Verflechtungen handelt.

Von der Tiefenpsychologie her – mit dem Blick auf die Sündenbock-Thematik[268] – ist es zu verstehen, wenn hier auch die negativen Erscheinungen der Kirchengeschichte als zum Christentum hinzugehörig (und entsprechend die Geschichte Israels im Alten Testament und die Geschichte anderer Religionen ohne Abstriche als deren Realität) behandelt werden. Alle Versuche, heute nicht mehr Akzeptables auszuklammern und nur das, was dann übrig bleibt, als das „wahre" Christentum" oder die „wahre" andere „Religion" gelten zu lassen, sind, wenn man Einklang mit den Tatsachen und mit dem Verwirklichbaren sucht, nicht überzeugend. Man müßte für zahllose Pannen Entschuldigungen suchen. In gewisser Weise sind gerade sie und die Art und Weise, mit ihnen umzugehen (beschwichtigend oder sich auf ein gutes Recht, sie auszuleben, auch noch versteifend), für das Wesen der jeweiligen Religion charakteristisch. Und doch ist dieser ganze von mir vorgelegte Entwurf einer systematischen christlichen Theologie ein einziger Versuch, das „wahre" Wesen des Christentums herauszustellen, – ein Widerspruch, für den eine Lösung zu suchen sein wird.

---

267 Vgl. S. 10 mit Anm. 2
268 S. Anm. 32 auf S. 26

52. Begründung in Phantasie und Werken der Dichtung

Wer sich und anderen die christliche Botschaft verdeutlichen und lebendig machen will, betätigt mit dem freien sachbezogenen Denken zugleich Phantasie. Mittels ihrer macht sich jeder Pfarrer in seinen Predigten (bei der Wahl seiner Worte, Beispiele und Literaturzitate) und jeder Zuhörer, der sich über das alles seine Gedanken macht, zunutze, daß sich die Botschaft des Christentums zu einem wesentlichen Teil des mythischen Denkens bedient. Viele Beispiele der Dichtung aller Zeiten – und zwar nicht nur die eigentlich geistlichen – können (je lebenswahrer und nüchterner sie sind, umso mehr) das Wissen um den Sinn der christlichen Zentralaussage in uns vertiefen und bereichern. Ihre Lebensfülle im Gegensatz zu dürrer Theorie macht sie der Bibel selbst ähnlich und umso brauchbarer, die Wirklichkeit des Menschenlebens möglichst umfassend, vielfältig, intensiv und detailliert zur christlichen Botschaft in Beziehung zu setzen. Der Kernmythos des Christentums verträgt nicht nur, sondern verlangt solch „Weiterspinnen" für immer neue Menschen und Situationen, vorausgesetzt, daß es wirklich nichts anderes als ein Weiterspinnen eben dieses Mythos ist (man mit ihm in Übereinstimmung bleibt). Hierbei muß sich erweisen, daß uns keine dogmatische Formel wichtiger ist als das niemals auszulotende oder abschließend zu beschreibende „Objekt" unserer Glaubensgedanken: Gott in Jesus.

Beispiele einer Dichtung, die man auf diese Weise einbeziehen kann, sind Dostojewskijs „Die Brüder Karamasov", Camus' „Die Pest" und Becketts „Warten auf Godot".

53. Begründung in der christlichen Praxis

Die Praxis christlichen Verhaltens und Tuns im persönlichen Leben und in der Gemeinschaft der Kirche ist das, worauf die aus den genannten Quellen geistiger Klärung schöpfende Orientierung hinausläuft. Erst durch diese Erprobung wird das Wesen des Christentums tatsächliche Wirklichkeit. Die Erfahrung mit den Grenzen, die dem gesetzt sind, präzisiert unseren Begriff von ihm. Beispiele hierfür[269] sind das Sicheinlassen der Christen auf die heutige Demokratie, ihr Einsatz für den Frieden unter den Bedingungen der modernen Hochrüstung, ethnischer Säuberungen, interkultureller Gewalt und des Terrorismus, ihr Ringen um eine adäquate Stellung zu unserer natürlichen Umwelt, zur Weiterentwicklung der Medizin und Kommunikation angesichts der modernen technischen Mög-

---

269 Diese Andeutungen sollen – ohne irgendeinen Anspruch auf Vollständigkeit und ohne eine durchdachte Systematik – nur skizzieren, woran etwa zu denken wäre.

lichkeiten, zu den Problemen heutiger Finanzpolitik und Wirtschaftsmacht einschließlich der beinahe abstrakt zu nennenden Strategien dennoch einigen realen Gewinn bringenden Fusionen der Unternehmen ohne Rücksicht auf die arbeitenden Menschen, der Spannung zwischen Industrie- und Entwicklungsländern, den heutigen sozialen Nöten, den Behinderungen und Süchten, den neuartigen Verhaltensweisen der Geschlechter zueinander, zu den Massenmedien, den Früchten und Auswüchsen moderner Kultur, Bildung und Erziehung. Wie mit philosophischem Denken, psychischem Erleben und Phantasie sind wir auch mit unserer Lebenspraxis Teil der tatsächlichen Kirchen- und Religionsgeschichte.

IV. Die Wahrheitsfrage

54. Der Wahrheitsanspruch des Christentums

Das Christentum beansprucht Wahrheit, ist – abgesehen von Fragen etwa des praktischen Verhaltens, in denen man entsprechend der Vielfalt der Menschen Unterschiedliches als gleichberechtigt anerkennen muß, – nicht tolerant, billigt nicht jeder anderen Religion oder Weltanschauung zu, daß sie ebenfalls recht habe. Das bedeutet aber auch, daß es beim Christentum nicht um den Spezialverein eben dieses Namens, sondern um allgemeingültige Menschlichkeit geht. Das Christentum bemüht sich – wie hoffentlich alle Religionen – darum, den Menschen mit seiner Natur und in seiner Situation zu verstehen, wie er ist, und ihm die Richtung fürs Leben zu weisen, die diesem seinem Wesen entspricht.

Die Frage, welche Religion die bessere und ob dies die eigene sei, ist also erlaubt und unvermeidlich. Man könnte sich sonst weder zu der eigenen bekennen noch zu einer anderen konvertieren. Das Christentum bevorzuge ich z.B. gegenüber den meisten Formen des Hinduismus und dem Islam. Aber das besagt nicht, daß nicht auch in ihnen Elemente enthalten wären, die sie vor uns voraus haben. Statt Absolutheit zu beanspruchen, sollten qualifizierte Vertreter jeweils ihre eigene Religion in der Weise zu ergründen und z.T. zu verwandeln suchen, daß sich im Idealfall sie alle als im Kern ihres Wollens und Wirkens identisch erweisen. Die Unterschiede dürfen nicht verwischt werden. Man darf sich die Mühsal der geistigen Auseinandersetzung und realen Umwandlungsarbeit nicht ersparen.

55. Die Wahrheit über das Christentum

Nur die „wahre Auffassung" vom Christentum, die dieses seinem wirklichen Wesen entsprechend darstellt, kommt als Basis für den Versuch, eine Entscheidung zwischen den Religionen und Weltanschauungen zu treffen, in Betracht. Den tatsächlichen Sinn des offiziellen Christentums, nicht eine unmaßgebliche Privatvariante darzustellen wurde hier in einer sicher verbesserungsbedürftigen, aber, wie ich glaube, auch entwicklungsfähigen Weise versucht.

Ich rede insofern bewußt das Christentum schön, als ich eine m.E. für den denkenden Menschen annehmbare Fassung des in ihm Gemeinten umreiße und damit die Vertreter anderer Religionen ermutigen möchte, als Basis für das Gespräch mit ihnen in ähnlicher Weise auch deren Wesen darzustellen. Ich selbst komme also ohne die Unterscheidung des wahren Wesens des Christentums einerseits und seiner Verfälschungen andererseits keineswegs aus.

Und doch habe ich mich entschieden, die „Fehlentwicklungen" des Christentums als zu diesem hinzugehörig ernst zu nehmen. Es ist zum einen eine Frage der geschichtlichen Entwicklung: In einer Fülle von Situationen, denen das Christentum in seiner Geschichte ausgesetzt war, mußte es sich bewähren oder – sich auf die neu auftauchenden Probleme einstellend – auch wandeln. Es war möglich, daß ein spätes, im Rückblick auf diese Entwicklung gewonnenes Verständnis besser geriet als frühere Versuche. Es konnte das Wesen des Christentums in von manchem Entstellenden gereinigter Gestalt und mit einer größeren Ehrlichkeit der Selbsteinschätzung erfassen. Zum anderen stehen das schöngeredete Christentum und seine enttäuschende geschichtliche Wirklichkeit nicht einfach als Ideal und Verfälschung einander gegenüber, sondern als das durch sein Pochen von innen her die Religion am Leben erhaltende Herz und das dramatische, teils erfolgreiche, teils tragisch scheiternde Schauspiel des geschichtlichen Ringens um die Fragen der ontischen Tiefe des Menschseins und ihrer Auswirkungen im Leben. Das Herz ist die christliche Zentralaussage, daß Gott selbst das menschliche Leben mit den Rätseln von Schuld und Schicksal an- und auf sich genommen habe. Steht die Sündenbockpsychologie im Zentrum des wahren Christentums, so konnte nicht ausbleiben, daß es sie geschichtlich immer wieder geübt hat. Aber die Richtschnur des Christentums ist doch die der – zwar bis zum jüngsten Tag niemals endgültigen – Meisterung des Abgründigen, das in ihm enthalten ist.

Wenn ich meine, zumindest auf gutem Weg zu dem Verständnis dessen zu sein, was das wahre Wesen des Christentums ist und als Basis für das Gespräch der Religionen allein in Frage kommt, so darf das Resultat in keinem Punkt als dogmatische Festlegung oder auswendig zu lernende Wahrheit verstanden werden. Mit denjenigen, die glauben, mit ihm nicht konform gehen zu können, bedarf es der Verständigung und gemeinsamen Annäherung an die Wahrheit in einem Dialog, in dem einer den anderen beim Wort nimmt, ohne ihn auf das Gesagte festzunageln. Dabei darf und soll jeder sagen, wie er Äußerungen des anderen verstanden, und der andere, wie er sie gemeint hat. Bis in die Voraussetzungen des Denkens, und seien sie persönlicher Art, unterliegt da Theologie – auf der Seite aller Gesprächsteilnehmer in gleicher Weise – der geistigen Verantwortungspflicht.

56. Aspekte der Frage nach der Wahrheit des Christentums

Den Wahrheitsanspruch des Christentums zu prüfen scheint zunächst relativ einfach: Man muß offenbar fragen: Existiert Gott (ein einziger Gott), und ist er der Schöpfer, dem unsere Welt und wir das Sein verdanken, sowie der Lenker der Weltgeschichte? Ist Israel das auserwählte Volk dieses Gottes und, was wir Christen „Altes Testament" nennen, Kunde von seinem Wirken und Willen? Ist Jesus von Nazareth der von den Juden erwartete Messias, der Christus, Gottes Sohn und (der einzige wirkliche) Heiland? Ist die christliche Kirche zusätzlich zum jüdischen oder statt seiner das neue auserwählte Volk Gottes? Ist sie als Gemeinschaft der Christen durchwaltet von dem hier sich als Heiligen Geist zeigenden dreieinigen Gott? Sind die christlichen Normen einer Ethik des Gottesgehorsams und die Lehre von der aus der Sünde befreienden Erlösung durch den Tod Jesu Tatsachen, auf die man setzen kann? Der Christ mag das alles bejahen. Und nur, wer es bejaht, so scheint es, ist Christ.

Aber das sind nicht nur Fragen der Christen an ihre eigene Religion, sondern auch der Nichtchristen, die diese in Frage stellen. Für das Gespräch mit ihnen, aber, wenn sie auf ihr eigenes intellektuelles Gewissen hören, auch schon für ihre Selbstvergewisserung nehmen sie eine andere Gestalt an. Um den Wahrheitsanspruch des christlichen Glaubens zu prüfen, muß man wissen, daß er nicht in einem einfachen Ja zu einigen schlichten Behauptungen aufgeht, sondern mit diesen eine Thematik umkreist, die, wie auch der Christ wissen sollte, schwieriger und großenteils nicht in angemessenen Ausdrücken zu kennzeichnen ist. Man darf es sich mit dem Ja oder Nein zu diesem Glauben, wenn es einen Wert haben soll, nicht zu leicht machen. Auch das Urteil, wer als gläubiger Christ zu beurteilen und wer keiner sei, wird schwieriger. Ich formuliere die komplizierteren Fragen, vor die ich mich gestellt sah und denen sich auch der kritische Leser stellen müßte. Daß und aus welchen Gründen ich sie bejahe, geht aus meinen bisherigen Ausführungen hervor.

1) Ist es wahr, daß sich niemand den letzten Fragen (z.B. der nach einem letzten Sinn des Lebens) entziehen, keiner sie anders als in der Sprache der Mythen und Symbole sachgemäß in den Blick nehmen kann?

2) Zu der direkten Frage, ob (ein?) Gott existiere: Ist es sachlich gerechtfertigt, Lebensbejahung als Überzeugung zu deuten, daß unser Sein einen ontischen Grund und Sinn habe? Sucht man diese dann tatsächlich im Grunde in einer höheren göttlichen Wirklichkeit? Und denkt sich diese – weil etwas Besseres uns nicht möglich ist – im Grunde jeder naiv als persönlichen Gott?

3) Ist es – wiederum das Recht der hier allein möglichen naiven Ausdrucksweise voraussetzend – richtig, die besondere Rolle, die Israel und das Alte Testament für die Geschichte der Menschheit spielen, als einen besonderen Auf-

trag, den Gott ihm erteilt hat, es in diesem Sinn als auserwähltes Volk aufzufassen?

4) Statt der Frage nach der Messianität und Gottessohnschaft Jesu (wegen der Schwierigkeit, diese aus einer ganz anderen Zeit stammenden Begriffe heute nachzuvollziehen): Trifft das christliche Bild von dem im gekreuzigten Christus Jesus dargestellten Gott und von dem durch diesen verkörperten wahren messianischen Geist tatsächlich genau den Nerv des tiefsten Leidens aller Menschen und Völker (nämlich an der Fehleinstellung , die in der Bibel „Sünde" heißt)? Ist es tatsächlich ihre tiefste Sehnsucht, von dieser erlöst und zu wahrer Menschlichkeit befreit zu werden? Und zeigt das Bild der Selbstaufopferung Gottes wirklich den – einzigen? – Weg zur Stillung dieser Sehnsucht?

5) Statt der Frage nach der Trinität, dem Heiligen Geist und der Kirche (wegen der Zeitbedingtheit auch der trinitarischen Begrifflichkeit und gemäß der Problematik des Gedankens vom auserwählten Volk): Ist (wieder unter der Voraussetzung des Rechts der Naivität, es so zu nennen) die Aussage sachlich zutreffend, Gott habe erst Israel, dann (durch seine Erscheinung in Jesus – auch? –) das erweiterte Gottesvolk der Christen zu seinem Volk berufen?

6) Zu den Aussagen des Christentums über die ethischen Normen des Lebens: Stimmen sie mit dem überein, was in dieser Hinsicht tatsächlich gilt (= in der Menschennatur verankert ist oder als Grundsatz für menschliches Zusammenleben immer schon vereinbart sein muß)? Und nennen wir diese Normen im Horizont des Glaubens an einen Gott, von dem die Welt mit allen in ihr waltenden Ordnungen geschaffen ist, mit Recht dessen Gebote?

Drei weitere Fragen schließen sich an:

7) Meinen in dieser Hinsicht die Christen wirklich, was sie sagen? (Marx z.B. behauptete das Gegenteil; Nietzsche und Freud stellten kritische Fragen.[270])

8) Ist verwirklichbar (und also lebenswahr), was die Christen sagen, oder haftet ihrer Darstellung der Lebensnormen die Unwahrhaftigkeit an, die die Menschen nicht so akzeptieren möchte, wie sie sind?

9) Wird von den Christen verwirklicht, was sie sagen? Erweist sich das Christentum nicht nur in der Theorie seines der Menschenwirklichkeit vielleicht am besten entsprechenden Mythos, sondern auch in der Realität des Lebens als wahr? Leisten vielleicht andere Religionen oder Weltanschauungen dasselbe besser oder überhaupt Besseres?

---

270 Marx: Wollen sie nur die Ausgebeuteten durch den Jenseitstrost betäuben? Nietzsche: Propagieren sie eine unanständige, zu allen Tendenzen echten Menschseins im Widerspruch stehende unehrliche Demutsmoral? Freud: Sind sie einer kollektiven Zwangsneurose verfallen?

57. Rationale und bekennende Antwort auf die Wahrheitsfrage

In einigen Hinsichten ist das, was man bedenken muß, um sich über die Wahrheit oder Unwahrheit des Christentums ein Urteil zu bilden, lehr- und erlernbar. Insoweit muß das Christentum seinen Wahrheitsanspruch rational vertreten, kann es sich nicht darauf berufen, daß es Glaubenssache sei und nicht bewiesen werden könne. Es geht nicht um Beweise, sondern um erklärende Darstellung und Abwägung der Argumente im Vergleich mit den anderen Religionen und Weltanschauungen. Eine Religion oder Weltanschauung, die sich ihrer Wahrheit wirklich sicher ist, muß sich in das Gespräch der Religionen als gleichberechtigte Partnerin einbringen, die anderen, auch als abwegig erkannte, als eben solche akzeptieren und – ohne Kompromiß in der Wahrheitsfrage – ihr besseres Wissen durch vermehrtes Verständnis auch für das vermeintlich oder wirklich falsche Denken der anderen beweisen.

In anderen Hinsichten ist der Wahrheitserweis nur so möglich, daß man den Glaubensstandpunkt einnimmt, erprobt und dadurch bezeugt. Nur so kann man Gewißheit von der Wahrheit des Glaubens an die Erwählung Israels und der Kirche, die erforderliche Selbsterkenntnis und das Feingefühl für die Probleme und Hintergründe des Menschenlebens sowie den Glauben, daß allein in Jesus das Heil zu finden sei, gewinnen. Dies kann man nicht so lehren und lernen wie eine physikalische Theorie. Hierin liegt das Wahrheitselement der Auffassung, daß wir uns einfach zum auf uns gekommenen Glauben bekennen, ihn leben müssen, ohne um einen Wahrheitsbeweis gegenüber Andersdenkenden besorgt zu sein.

58. Protestantismus

Die Wahrheitsfrage ist zuerst ein Problem in unserer eigenen Kirche bzw. – allgemeiner – im Protestantismus. Das „protestantische Prinzip"[271] des freien Sichauslieferns an Gott selbst samt der dabei bleibenden lehrmäßigen Ungesichertheit wird beeinträchtigt z.B. durch die offizielle Festlegung von Lehren, die man als Protestant glaube, durch die Art, wie die Bibel – nicht immer mit hinreichender Begründung für die zugrunde gelegte Interpretation – als „papierner Papst" genommen wird, und durch den Gebrauch des Apostolikums oder (was heute nur noch selten vorkommt) der „allgemeinen Kirchenbeichte"[272] im Gottesdienst. Festlegungen der Lehre haben ihren Sinn als Positionsbeschreibung für

---

271 Terminus von Paul Tillich: Vgl. S. 35 mit Anm. 55.
272 „...... Ich armer, elender, sündiger Mensch bekenne dir alle meine Sünde und Missetat,.."

den einzelnen ebenso wie für Staat und Gesellschaft, damit sie wissen, worauf sie sich einlassen, wenn sie ihren Platz in den Kirchen suchen bzw. ihnen einen Lebens- und Entfaltungsraum zugestehen. Das ist, wenn nur das „protestantische Prinzip" gelten soll, erschwert.

Nimmt man die Erkenntnis ernst, daß sich das Christentum in ihrer Selbstdarstellung wie jede Religion, es aber besonders beim Christusglauben, zentral des mythischen Denkens bedient, so wird in der Glaubenslehre eine Umstellung nötig, die einschneidender, aber auch annehmbarer ist als die Vermittlung intellektueller Skepsis, zu der das Programm Bultmanns verleiten konnte.[273] Anleihen bei der wohl für die Ostkirchen typischen, das Mysterium des Glaubens in den Mittelpunkt stellenden Denkweise könnten hilfreich sein. Abverlangt ist unserer Kirche gerade in diesem Punkt, soll einer wirklichen Geschwisterlichkeit mit den Juden die Bahn gebrochen werden, aber etwas noch viel Schwierigeres: ein Eingriff in die schon neutestamentliche Rezeption der christlichen Botschaft vom Sühnetod Jesu Christi, die sich namentlich an die jüdische Messias- und an die griechische Gottessohn- sowie an die Mysterien-Denkfigur von der Gottheit gebunden hat, an deren Los man sakramental teilnehmen kann.

Dietrich Bonhoeffer war in seiner Gefangenschaft zu der nötigen Rigorosität des theologischen Denkens vorgedrungen, wenn er nach früherem Plädoyer für ein mit großem Ernst gestaltetes, auch die Öffentlichkeit nicht scheuendes christliches Leben in der Gemeinschaft des Hauses und der Kirche[274] von einem künftig „religionslosen" Christentums sprach und fragte, was, wenn sie nun „weltlich" zu verstehen wären, aus den „Begriffen Buße, Glaube, Rechtfertigung, Wiedergeburt, Heiligung" sowie aus „Kultus und .. Gebet" werden müßte. Würde da, so meinte er, „die Arkandisziplin" Bedeutung erlangen?[275] Die „Religionslosigkeit" ohne „Metaphysik" (d.h. ohne die ontische Frage) und ohne das Einsetzen des Glaubens an einer Stelle, an der für menschliches Verstehen eben doch stets eine „Lücke" bleibt, sehe ich nicht als zukünftige christliche Möglichkeit, wohl aber die – bei aller Hochschätzung wiederzugewinnender kindlicher Gläubigkeit – für den Denkenden in der heutigen säkularisierten Umwelt unumgängliche Scheu, leichthin von Gott zu reden und die genannten Begriffe im Mund zu führen. Offenbar meinte er, im Arkanum, dem geheimen Innenraum der Kirche, sollten vertraute kirchliche Lehre und Gottesdienst weiter ihren Platz haben, während die Christen sich nach außen entschlossen den ihnen gestellten Weltaufgaben widmen, ohne die Glaubensgedanken stets auf den Lippen zu tragen. „Christus", so schrieb er, „ist dann nicht mehr Gegenstand der Religion, sondern etwas ganz

---

273 Vgl. K: Jaspers in dem in Anm. 2 auf S. 10 genannten Artikel.
274 So im zweiten Teil von „Nachfolge" (1937) und in „Gemeinsames Leben" (1939)
275 Briefe vom 30. 4. und 5. 5. 1944 an E. Bethge (in „Widerstand und Ergebung")

anderes, wirklich Herr der Welt". Das könnte der Ansatz einer Christologie sein, die wieder dem Gedanken der spezifischen Macht Rechnung trägt, die auch protestantische Kirchen auszuüben haben, wenn sie wirklich „Kirchen" und nicht nur Institute für Betrachtungen über die christliche Wahrheit sein wollen. Meinte Bonhoeffer, auch gegenüber dem Judentum solle die Kirche in ihrem Arkanum (ihrer christologischen Theologie und deren Vergegenwärtigung in Predigt und Sakramenten) ohne Zugeständnisse ihrer eigenen Tradition treu bleiben, wenn sie nur nach außen den Andersgläubigen Respekt erweise? Aber dann klaffte zwischen dem Innenleben und dem Außenleben unserer Religion ein unerträglicher Widerspruch. Auch vor dem Arkanum darf ihr Umdenken nicht halt machen.

59. Ostkirche

Der griechische philosophische Ansatz erscheint in der Ostkirche, ihrer Liturgie und gerade in ihrer Zurückhaltung gegenüber rationaler Diskussion der Kirchenlehren gewahrt. Es ist etwas Richtiges an der Gegenüberstellung von rationalistischem Westen (Katholizismus und Protestantismus) auf der einen und lebenserkennendem Osten (in der orthodoxen Kirche) auf der anderen Seite, die sich bei den – stark vom deutschen Idealismus beeinflußten – russischen „Slawophilen" findet.[276] Nach deren Verständnis zollt der orthodoxe Christ nicht einer Autorität, und sei es derjenigen Gottes, Christi oder der Kirche, Gehorsam, sondern „leben" diese „in ihm ein wirklicheres Leben als das Herz, das in seiner Brust schlägt, oder das Blut, das in seinen Adern fließt", im Geist der „Wahrheit und Liebe". Über den Staat hören wir da allerdings, er habe im Grunde nur die Aufgabe, „immer mehr und mehr vom Geiste der Kirche durchdrungen zu werden ..., sein eigenes Dasein nur als Mittel zu betrachten, um die vollständigste und passendste Errichtung der Kirche Gottes auf Erden zu erreichen."[277] In der jüngsten Vergangenheit machte die ostkirchliche Orthodoxie, in der Regel aufs Religiöse beschränkt, einen relativ statischen und zu sehr den politischen Machthabern hörigen Eindruck.

---

276 Vor allem die Brüder Iwan und Peter Kirejewskij (1806-1855 bzw. 1808-1856) und Alexej Chomiakow (1804-1860) mit Nachwirkung z.B. bei Dostojewskij (Gestalten des Sosima und des Alexej Karamasow in den „Brüdern K.").
277 Zitate aus: J. Harder: Kleine Geschichte der orthodoxen Kirche, München 1961, 175 f.

60. Katholizismus

Prinzip der katholischen Kirche – bei Gemeinsamkeit mit Protestantismus und Orthodoxie in vielen Lehren und durchaus auch vergleichbarer Gefahr der Entstellung – scheint es zu sein, daß Gott ihr seine Offenbarung zur klugen Handhabung nach Gesichtspunkten heilsamer Menschenführung in die Hand gelegt habe, er in diesem Sinn sich von ihr verwalten läßt. Für ihn selbst wäre in ihr bei persönlichem Erscheinen heute so wenig Platz wie einst im Judentum.[278] Er habe die Leitung der Kirche seinem somit unfehlbaren irdischen Stellvertreter übertragen, so daß sie z.b. in einem förmlichen Prozeß darüber entscheiden kann, wer ein Heiliger ist. Erwartet der Protestantismus Tilgung von Sündenschuld allein von der (freilich auch für ihn durch das Abendmahl vergegenwärtigten) Gnade Gottes, so bewirkt sie die sakramental ins katholische Priesteramt Berufene durch den Nachvollzug der Selbstaufopferung Jesu Christi mittels des sakramentalen Werkes der Eucharistie. Ist doch die katholische Kirche (verkörpert in der schon zum Himmel aufgefahrenen Maria, die als Mutter des vergöttlichten Jesus Mutter Gottes und Mutter der Gläubigen wurde) Christi Braut.

Auch eine positive Würdigung der guten Absicht, die Menschen behutsam und sachgemäß zu führen, macht die Vorstellung vom unfehlbaren Lehramt mit der lange aufrecht erhaltenen Weigerung, moderne kritische Ansichten ernsthaft zu prüfen, nicht wahrer, als sie ist. Gesteht die katholische Kirche ein, daß sie sich ernsthaft an dem Ringen um die Wahrheit über Gott, Jesus Christus und die Menschen beteiligen möchte, die von vornherein zu besitzen auch sie sich nicht rühmen kann, und bedeutet Unfehlbarkeit des Papstes nur die nach bestem Wissen und Gewissen jeweils mögliche Sicherung der Kirchenlehre und ihres Grund-Mythos gegen willkürliche Entstellung sowie – auf dieser Basis – der Sicherung und Ausbreitung der Macht des christlichen Geistes, so wäre deutlich, daß die Protestanten und sie vor denselben Fragen und Aufgaben stehen, und könnten hierin beide unbedenklich voneinander lernen.

---

278 So in Anlehnung an die Legende vom Großinquisitor, die Dostojewskij (1880 unter dem Eindruck der Verkündigung des Dogmas von der Unfehlbarkeit des Papstes 1870) Iwan Karamasow in den Mund legte. Nach ihr hätte die katholische Kirche das Amt der Verwaltung Gottes an sich gerissen und – vorspiegelnd, das „Reich Gottes" zu errichten – in Wahrheit den von Jesus als Versuchung zurückgewiesenen Weg des Teufels zur Herrschaft über die Menschheit beschritten.

61. Judentum

Zwei in gleicher Weise wahre Religionen könnten es sein; beide sind geschichtlich miteinander verschränkt: Der Glaube an denselben Gott, der beanspruchte, verweigerte oder zugesprochene Status eines Gottesvolks, das Ringen um die Frage, was der Wille dieses Gottes sei und wie sich dieser als Herr der Geschichte erweise (der Einsatz im Kampf für die Gerechtigkeit auf Erden und die Messias-Idee), die tiefe Kenntnis der Abgründe der menschlichen Seele und Schicksale und – was nur mit Vorsicht behauptet werden kann – die Prägung durch das Bild des Leidenden Gottesknechts[279] sind Judentum und Christentum gemein. Und das alles prägt beide auch noch in ihrer heute weitgehend säkularisierten Form.[280]

Nicht stehen in Wahrheit zwischen den beiden Religionen die Glaubensformel der Christen, der Messias sei schon gekommen, und die der Juden, sein Kommen stehe noch aus. Daß Jesus habe Messias sein wollen und daß dies den gotteslästerlichen Anspruch bedeutet hätte, ein göttliches Wesen zu sein,[281] dürfte historisch falsch sein.[282] Unsinnig war die sich an diese Vorstellung hängende pauschale Beschuldigung der Juden aller Zeiten, wegen des Kreuzestodes Jesu Mörder Gottes zu sein, an deren Zustandekommen bereits Anteil hat, wer wie das Johannesevangelium „die" Juden als Feinde Jesu erscheinen läßt[283] und wie Paulus ihr Volk als – solange sie sich nicht zum Glauben an Jesus Christus bekehren – verworfen bezeichnet.[284] Vielleicht könnten Juden und Christen zu dem Ergebnis kommen, wahrer gottgewollter Machtgebrauch lasse sich an der Gestalt des Juden Jesus von Nazareth ablesen. Aber die Wirklichkeit der christlichen Kirche nach ihm und die Formung eines großen Teils der Weltbevölkerung durch die Machtentfaltung des Christentums hat es nicht vermocht,

---

279 s.o.: S. 29-31; S. 74 mit Anm. 182.
280 Vgl. für das Judentum die Proklamation zur Gründung des Staates Israel (1948) in dem Land, wo des jüdischen Volkes „geistiges, religiöses und politisches Antlitz geformt" wurde, es „der Welt das unsterbliche ‚Buch der Bücher'" schenkte, eines Staates, gegründet „auf den Grundlagen der Freiheit, Gleichheit und des Friedens, im Lichte der Weissagungen der Propheten Israels", der aber „volle soziale und politische Gleichberechtigung aller Bürger ohne Unterschied der Religion, der Rasse und des Geschlechts gewähren" werde. Er wolle mit allen Nachbarstaaten „in gegenseitiger Hilfe zusammenarbeiten" und brauche noch Beistand „in seinem schweren Kampfe um die Verwirklichung des Generationen alten Strebens nach Erlösung Israels".
281 Markus 14, 61-64; Johannes 8, 46-59.
282 Vgl. S. 36 f.
283 Johannes 5, 18; 6, 52; 7, 35; 8, 31 usw.
284 Römer 9, 30 - 10, 2; 11, 25 ff.

die auf Erden damals kurz aufleuchtende Idee eines messianischen Reiches zu perpetuieren. Für die Juden im Verhältnis zu den Christen kommt es darauf an, ob durch diese – auch für sie spürbar – in der Welt messianischer Geist Wirklichkeit wird.

Nur scheinbar besteht ursprünglich der grundsätzliche Gegensatz zwischen jüdischer Gesetzes- und christlicher Gnadenreligion. Wenn Jesus und Paulus sich scharf mit der streng buchstäblichen Gesetzeseinhaltung der Pharisäer auseinandersetzten, so, um der alten, nicht erst paulinischen jüdischen Wahrheit vom Leben aus der πίστις statt aus dem νόμος als dem wahren Wesen jüdischer Gesetzesfrömmigkeit Geltung zu verschaffen,[285] ein Programm mit Absolutheitsanspruch, das so nicht akzeptiert worden ist. Durch die auch für das Judentum einschneidende Zerstörung des zweiten Jerusalemer Tempels waren für die Christen die zeremoniellen Vorschriften ohnehin dahingefallen, auf die man zum Christentum übergetretene Nichtjuden auch gar nicht verpflichtet hatte.[286] Verlangen kann Gott – nicht der Christ – von den Juden, daß sie den Wahrheitsgehalt des von Jesus und Paulus vertretenen Gesetzesverständnisses nicht vergessen werden als eine Hilfe, die Form des alten Volkes Gottes immer wieder mit überzeugendem Leben zu erfüllen, und es anerkennen und begrüßen, wo immer Christen eine solche tief jüdische Grundhaltung verwirklichen. Aufgrund der zwischenzeitlichen kirchengeschichtlichen Erfahrungen mit dem Christentum haben jüdische Denker es als für ihre Religion kennzeichnend gesehen, daß sie sich – mit einem gewissen Stolz im Bemühen, Gelingen und Scheitern – streng auf die Gebote verpflichtet wisse, ohne sich Erweichungen im Sinn eines – freilich kirchlicherseits mißdeuteten – Paulinismus zu gestatten,[287] gegenüber der sich ihrer Glaubensfreiheit rühmenden, den einzelnen weitgehend in der Unverantwortlichkeit belassenden Kirche, die hinter Jesu und des Paulus Ernstnehmen des Gesetzes zurückgefallen war.

In der Ungeheuerlichkeit der Behauptung, die Juden aller Zeit hätten in Jesus Gott ermordet, steckt doch die Wahrheit, daß Religionen – und so auch das Judentum – stets auch politische Mächte sind, Sache von Völkern, nicht nur von Einzelmenschen, und daß immer wieder gerade ihre frömmsten Sachwalter gegen diejenigen vorgehen, die ihrem lebendigen Wesen gegen Heuchelei und frommen Betrieb Geltung zu verschaffen suchen. In der Tat haben tonangebende Männer in Gottes auserwähltem Volk, wenn in Jesus Gott verborgen war, diesen selbst zu Tode gebracht und konnte erst dadurch die andere Religion entstehen: ein neues, größeres Gottesvolk, das alsbald, wie von Paulus vorhergesehen,

---

285   Vgl. S. 33 f mit Anm. 47.
286   Galater 2, 3-10; Apostelgeschichte 15, 1-21.
287   Brief Fr. Rosenzweigs an E. Rosenstock: s.o.: Anm. 187 auf S. 76.

sein Kapital vor allem verspielte, wo es sich in dieser Rolle anmaßte, das bisherige bestrafen zu dürfen. In welchem Volk, müssen wir jedoch fragen, wäre es Gott besser ergangen?

Die Behauptung, mit der Tötung Jesu habe man sich an Israels Gott selber vergriffen, war die christliche „Hauptgotteslästerung":[288] In Gestalt des seine Sache führenden Menschen Jesus sei Gott selbst zu dem Leidenden Gottesknecht geworden, von dem Deuterojesaja gesprochen hatte. Mit dem Gedanken eines Leidens Gottes selbst knüpft man an das Alte Testament an. Keine Religion kann ihn so gut begreifen wie die jüdische. Hans Jonas hat ihn unter dem Eindruck des Holocaust aufgenommen. Der eigentliche Gotteslästerer ist für heutiges christliches und sicher auch jüdisches Verständnis derjenige, der sich am Kesseltreiben gegen den sich in das Menschenschicksal verbergenden Gott[289] beteiligt, statt sich auf seine Seite zu stellen und der Ungeheuerlichkeit, daß es auf Erden so zugeht, zu seinem Teil ein Ende zu setzen. Dazu gehört auch, daß auf christlicher Seite an einer Umgestaltung des Arkanums der Christologie[290] gearbeitet werden muß.

Noch problematischer als der Gedanke von dem stellvertretend leidenden Gott scheint es, in der Gestalt des Leidenden Gottesknechts ein Sinnbild für das geschichtliche Leidensschicksal der Juden und also dieses Leiden als für diese Religion bezeichnend anzusprechen und zu behaupten, daß darin auch noch und zwar vielleicht die tiefste Gemeinsamkeit von Christentum und Judentum bestehe, da sich die Christen – als mächtig Gewordene gegen die Juden wütend – ihrerseits dem Leidenslos entzogen haben. Man riskiert mit solchen Überlegungen, Israel statt der Bereitschaft zur μαρτυρία für die Sache seines Gottes kollektive masochistische Freude am Martyrium[291] anzudichten, die dem Judentum fremd

---

288 Vgl. S. 30, 34 f
289 Vgl. Hans Jonas: Der Gottesbegriff nach Auschwitz, in (Hg:) O. Hofius: Reflexionen finsterer Zeit, Tübingen 1984, 65 ff mit Bezugnahme auf einen von ihm schon früher vorgestellten „Mythos": „Im Anfang, aus unerkennbarer Wahl, entschied der göttliche Grund des Seins, sich dem Zufall, dem Wagnis und der endlosen Mannigfaltigkeit des Werdens anheimzugeben. Und zwar gänzlich". Die Gottheit „hielt ... nichts von sich zurück; kein unergriffener und immuner Teil von ihr blieb, um die umwegige Ausformung ihres Schicksals in der Schöpfung von jenseits her zu lenken, zu berichtigen und letztlich zu garantieren." Dieser Mythos habe „von einem *leidenden* Gott gesprochen", zeichne „das Bild eines *werdenden* Gottes", der kein allmächtiger sei. Allgüte und Allwissen („absolute Güte" und „Verstehbarkeit") hat Gott auch für Jonas: „Der deus absconditus, der verborgene Gott ... ist eine zutiefst unjüdische Vorstellung". Aber was ist ohne Allmacht die Bedeutung des Gottesbegriffs? Doch ein „höheres Wesen"? Ist das erklärbar ohne Rückgriff auf die „ontische Frage"? Zum Umgang mit dem Problem: s.o.: S. 32.
290 Vgl. S. 104 f
291 Vgl. S. 22 m. Anm. 14; 36

ist. Die Christen müssen durch ihre Art zu leben dazu beitragen, daß ein besonderes Martyrium ausgerechnet der Juden tatsächlich nicht mehr stattfindet. Für die Christen darf es kein Problem sein, Israel und das Judentum als Gottesvolk anzuerkennen. Von den Juden muß es aber – nach allem, was sich zwischen beiden abgespielt hat – als Zumutung empfunden werden, wenn die Christen den jüdischen Gott auch für sich in Anspruch nehmen und auch sich als dessen Volk betrachten. Sie können nur in Demut darum ringen, jenen im ernsten Bemühen um die Verwirklichung des Willens Gottes auf Erden und ihrem Ja zu den Wegen, die man so geschichtlich geführt wird, nicht nachzustehen. Das, wodurch sich dann das Christentum immer noch vom Judentum unterscheidet – Ausdehnung des Gottesvolks über die Grenzen der jüdischen Nation hinaus – ist zugleich Vorzug und seine größte Schwierigkeit. Aus einer Religion, der anzugehören unentrinnbares Schicksal ist, wurde eine, von der man sich – jedenfalls heute – bei Gefahr abmelden kann. Wenn wir die Juden fragen, ob sie der christlichen Kirche zubilligen können, ebenfalls Volk ihres Gottes zu sein, so müssen wir die positive Antwort selbst ermöglichen, nicht theoretisch, sondern durch die Praxis des Verhaltens der Christen im Leben.

Christliche Judenmission ist jedenfalls heute ein Unding. Wenn Paulus (Rö 10,8-9) von den übrigen Juden fordert, sie sollten sich mit Herz und Mund zum Glauben an Jesus Christus bekennen, so erscheint das als rein formal, zu geheuchelter Anpassung verleitend. Setzte die Verfolgung der Juden namens des Christentums in der Ära Konstantins ein, so nicht, weil es falsch gewesen wäre, als Staatsmann für die christliche Sache Partei zu ergreifen, sondern weil er nach den Äußerungen der kirchlichen Wortführer seiner Zeit glauben konnte, die Christen besäßen eine in Worten auszudrückende Wahrheit, an die zu glauben heilsnotwendig sei, auf das formelhaft abgelegte Zeugnis, an Jesus Christus zu glauben, komme es an, und der Beherzigung dieses Gebotes sei mit Gewalt nachzuhelfen, statt der machtlosen Macht der Wahrheit dieses Glaubens zu vertrauen. Aber christlicher Glaube ist keine Sache einer auf Verlangen ausgesprochenen Formel, sondern des Lebens. Rabbinische Diskussionskultur kommt ihrem Sinn insofern näher als christliche Dogmatik.

Bloße „Bewährung durch das Leben" – so daß man auf das Sprechen einer Formel verzichten könnte – bleibt jedoch vage, was die verantwortungsvolle Teilnahme und den Rückhalt geschichtlicher Zugehörigkeit zu einer bestimmten Gemeinschaft betrifft, und überfordert so uns Menschen. Den Juden ist die Möglichkeit gegeben, als wirkliches Volk – als „Israel nach dem Fleisch"[292] – zu „glauben": Wie jedes Volk Gerechte und Ungerechte, Fromme und Gottlose, Eiferer, Tolerante und Gleichgültige umfaßt, so darf es auch im auserwählten Volk sein.

---

[292] Römer 9, 1-5.

In einem wirklichen Volk kann es hierüber keine Unklarheit geben. Undenkbar, daß Christen von den Juden die Preisgabe dieses Vorzugs verlangen sollten. Die Christen, die teilnehmen wollen an dem Tun und Lassen desjenigen Volkes, das in der erläuterten Weise unter dem Zeichen des stellvertretenden Leidens (Gottes und der zu dem Volk Gehörenden) lebt, haben genug damit zu tun, in ihrem religiösen *Glaubensvolk* Ähnliches in vergleichbarer Ehrlichkeit und Freiheit zustande zu bringen.

62. Islam

Als auch politisch gefährlich für Christentum und Judentum wird der aus ihnen hervorgegangene Islam erlebt. Das Christentum hat das gute Gewissen, sich auch in dem politischen Sinn, den der Begriff enthält, als „Kirche" zu verstehen, durch seine Geschichte zum Teil verloren. Politische Kraft und politischer Wille des Islam sind ungebrochen. Es fragt sich, ob wir es bei ihm – auch abgesehen von der Mystik,[293] die es in ihm ebenso gibt wie in den anderen Religionen, – mit einer tiefen Erfassung der religiösen Problematik zu tun haben, so daß man abwarten dürfte, ob er sich im Wettbewerb mit den anderen als besser oder schlechter erweist, oder ob der Eindruck zutrifft, er pflege einen die Probleme vereinfachenden, zu Fanatismus neigenden Rationalismus, der das ungebildete Volk durch ihm einleuchtende Lehren[294] für die Idee der notfalls gewaltsamen Unterwerfung aller Menschen unter Gott[295] politisch zu mobilisieren vermag. Muß es zu einem Existenzkampf mit dem Islam kommen, in dem Christentum und westliche Politik – beide ihre besondere Funktion wahrnehmend – aufeinander angewiesen wären?

---

293 z.B. al-Bistami (+ 874 od. 875), der durch feindselige Theologen mehrfach in die Verbannung getrieben, und al-Halladsch (858-922), der auf besonders grausame Weise hingerichtet wurde. Anders die auch politische Leidenschaft entfesselnde Mystik z.B. des Muhammad Iqbal (1876 oder 73 bis 1936 oder 38)

294 Man kann den Koran fast durchweg (z.B. Sure 6, 1-17) als Appell an die Vernunft lesen, die für den Propheten offenkundige Wahrheit anzuerkennen, für welche die Ungläubigen, obwohl sie auch ihnen als Wahrheit erkennbar wäre, nicht zu erbringende Beweise verlangen. Während geschichtlich im Islam philosophische Versuche, ihn mit Vernunft zu erfassen, umstritten waren, finden sich – nach Abubacer (Ibn Tufail, um 1100-1185) – in der jüngeren Vergangenheit ausdrückliche Behauptungen seiner Vernunftgemäßheit (z.B. Mohammed Abdu, 1849-1905, u. Saijid Amir Ali, 1849-1928).

295 Sure 8, 40 (Übers. v. Max Henning): „Und kämpfet wider sie" (die „Ungläubigen"), „bis kein Bürgerkrieg mehr ist und bis alles an Allah glaubt."; vgl. 9, 33 und 48, 28.

Der Islam könnte die dritte gleichberechtigte wahre Religion sein. Er müßte nur die ursprüngliche Absicht Mohammeds ernst nehmen, nichts Neues, sondern dieselbe Botschaft, die Mose den Juden und Jesus den Christen brachte, den Arabern zu übermitteln.[296] Schon er selbst hätte sich – wenn er dieser Leitlinie konsequent gefolgt wäre – wohl nicht damit begnügt, Randformen der beiden Religionen zum Ausgangspunkt und dann zur Zielscheibe der Kritik zu machen (sie hätten eine ursprünglich reine Religionsform nachträglich verfälscht[297]). Jedenfalls hätten seine geistigen Nachfahren, denen nach der Anfangszeit der neuen Religion ein erheblich erweitertes Anschauungsmaterial vorlag, sich in die Geschichte der beiden älteren und auch in die jeweiligen internen Auseinandersetzungen über den Sinn ihrer Lehren, die es gegeben hat, vertiefen und dadurch ihre Auffassung von ihrem und dem Wesen der von ihnen selbst gemeinten Botschaft korrigieren können.

Man hat das Philosophische des Islam als seinen eigentlichen Fehler bezeichnet.[298] Aber geschichtlich war die philosophische Durchdringung seiner Glaubensgrundlagen, die intensiv versucht wurde, in ihm selbst beinahe durchweg heftig umstritten.[299] Und: Wenn auch zunächst, ohne daß gerade dies philosophisch ausgeführt worden wäre, ist bei ihm mit Händen zu greifen, daß er den für ihn grundlegenden Gottesglauben in genau dem Sinn auffaßt, in dem ihn die theologische Ontologie sachgerecht erläutert:[300] mit harter Gegenüberstellung vertikaler jenseitiger und horizontaler diesseitiger Verursachung des in der Welt Geschehenden und Lebensausrichtung mit entschiedener Überordnung der jenseitigen Perspektive[301] (weshalb es folgerichtig war, daß islamische Philosophie immer wieder nach dem Verhältnis der ewigen Erschaffung der Welt zu deren zeitlicher Unendlichkeit gefragt hat).[302] Und dem entspricht auch der islamische „Fatalismus" (oder Glaube an die Prädestination): daß alles Tun der Menschen, es sei gut oder böse, sowohl von Gott ohne Möglichkeit des Widerstrebens so

---

296 Sure 46, 11; 57, 27; 2, 81. 130; 3, 43-44.
297 z.B. Sure 2, 129-134; 9, 29-31
298 Emanuel Kellerhals: Der Islam, ²1956, S. 350-358
299 z.B. al-Kindi (+ 873), Avicenna (Ibn Sina, 980-1037), gegen ihn al-Gazali (1059-1111), gegen diesen Averroes (Ibn Roschd, 1126-1198), dessen philosophische Schriften man verbrennt; 1150 Verbrennung der Werke Avicennas und des Hauptwerks al-Gazalis in Bagdad; Anfang des 13. Jh erklärt ein Hoftheologe des dortigen Kalifen, die Philosophie sei ein Komplott der Ungläubigen zur Zerstörung des Islam.
300 Zur „theologischen Ontologie": s. o.: S. 17 f, 28 f, 41 45, 94; vgl. z.B. Sure 56, 57-73. 84; 29, 18; 40, 70; 50, 15; 2, 256 (vgl. Psalm 121, 4 gegenüber 1. Mose 2, 2-3 und 2. Mose 20, 11); 3, 42.
301 z.B. Sure 9, 38
302 z.B. Avicenna, al-Gazali, Averroes

festgelegt als auch doch jeder verpflichtet und fähig sei, sein Tun und Lassen selbst zu verantworten:[303] eine die schwer erträgliche Widersprüchlichkeit der Situation, in der wir uns tatsächlich befinden, sachgemäß wiedergebende Beschreibung, reiner Monotheismus,[304]) Glaube an einen einzigen Herrn der Welt, dem sich ausdrücklich zu unterwerfen – für den Gläubigen empörender- oder rätselhafterweise – viele der von ihm geschaffenen Menschen zu unterlassen wagen können.

Aber Philosophie muß auch die einem platten Rationalismus unverständlich bleibende Tiefe der Religion würdigen. Und da liegen Probleme, die sich in der Auseinandersetzung des Islam mit Judentum und Christentum bis in die Politik hinein gravierend auswirken:

Nicht verstanden wurde seitens des Islam (und lange Zeit auch im Christentum selbst), in welchem Sinn jedenfalls für unsere heutige Sicht Wort Gottes in einer heiligen Schrift gegenwärtig sein kann: nämlich, daß Gott nie direkt – sei es hebräisch, griechisch oder arabisch – zu uns spricht, sondern daß wir schon von seinem Denken und Wollen nur sprechen können, indem wir uns ihn, dessen wahres Wesen alle Begriffe übersteigt, als einen Partner nach Art unserer Mitmenschen vorstellen und daß, was wir dann als sein Denken und Wollen auffassen, nur in unserem eigenen sich für die betreffenden Probleme öffnenden Denken zur Sprache kommen kann. [305]

Nicht getroffen sind im Islam der christliche Begriff der Barmherzigkeit Gottes, der Sinn der Radikalisierung der Gebote Gottes in der Bergpredigt im Zusammenhang mit der paulinischen Rechtfertigungslehre[306] und das christliche Ernstnehmen des Problems der Theodizee:[307] Wird in ihm Gott als der Barmherzige angesprochen, dann so, wie man auch bei innerer Auflehnung einem Herrn, dessen Willkür man ausgeliefert ist, als einem Barmherzigen zu huldigen hat.[308]

---

303 z.B. Sure 6, 39. 111-112; 7, 154; 10, 99; 11, 107-110. 120; später hierzu z.B. al-Aschari (873/4-935/6), al-Bagdadi (+ 1037), an-Nawawi (1233-1277)
304 z.B. Sure 6, 79. 88; 7, 191; 17, 111; 19, 36. 92 f; 39, 6; 4, 169; 5, 116
305 s.o.: S. 18.
306 s.o.: S. 25-28, 53-55.
307 s.o.: S. 31-33
308 Außer in der 9. überall der Vorspruch der Suren: „Im Namen Allahs, des Erbarmers, des Barmherzigen"; vgl. dazu z.B. Sure 6, 54: „Vorgeschrieben hat sich selber euer Herr die Barmherzigkeit, so daß, wenn einer von euch in Unwissenheit etwas Böses tut und alsdann umkehrt und sich bessert, so ist er nachsichtig und barmherzig"; 7, 154 f: „,...Mose ... sprach ... ,... Willst du uns verderben ob dem, was die Toren von uns taten? Dies ist nur eine Versuchung von dir. Irreführen willst du mit ihr, wen du willst, und leiten, wen du willst. Du bist unser Beschützer, drum verzeihe uns und erbarme dich unser; und du bist der beste der Verzeihenden. Und verzeichne uns Gutes in dieser Welt und im Jenseits ... ' Er sprach: ‚Meine Strafe, ich treffe mit ihr, wen

Sünde wird nicht wesentlich religiös als Ausfluß des Sein-Wollens wie Gott, aus dem man durch Annahme der unverdienten Rechtfertigung (eine Neuordnung der inneren Beziehung zu Gott) befreit werden kann, verstanden,[309] sondern diesseitig-moralisch durch sittliche Besserung[310] oder eine rigorose weltliche Justiz nach den Regeln der Scharia bekämpft.[311] Schon – vom Hadern mit Gott weit entfernte – Traurigkeit über den Verlust eines geliebten Menschen, der eine göttliche Warnung mißachtend zu Tode kam, wird als ungebührliches Verhalten abgewiesen.[312]

Man kann die islamische Kritik am Trinitätsglauben nachvollziehen. Aber nicht verstanden ist, obwohl Jesus auch im Koran als „Wort der Wahrheit"[313] und „Messias" bezeichnet,[314] das Erscheinen eines „Mahdi"[315] oder (von den Schiiten) die triumphale Wiederkehr eines einst in die Verborgenheit entrückten „Imam" von der bis dahin Martyrien erleidenden Gemeinde erwartet wird,[316] was die Christologie eigentlich meint: daß sie nämlich von einem Geschick spricht, das Gott in Jesu Tun und Ergehen erlitten habe und daß seit Jesus messianischen Erwartungen – es sei denn als bildlichen Vorstellungen vom Ende der Geschichte – der Boden entzogen ist. Nicht erfaßt ist damit der Sinn der christlichen Lehre vom wirklichen Tod Jesu,[317] von der Machtlosigkeit Gottes in der Welt und von ihrer Unverträglichkeit mit gewaltsamer Unterwerfung der Völker unter den Gottesglauben. Unbeachtet bleibt so der christliche Begriff nicht nur von der not-

---

       ich will, und meine Barmherzigkeit umfaßt alle Dinge. Und wahrlich, verzeichnen will ich sie für jene, die gottesfürchtig sind und die Armenspende zahlen, und für die, welche an unsre Zeichen glauben; ..."'

309 Es gibt aber in den Traditionssammlungen über Äußerungen Mohammeds und im sonstigen islamischen Schrifttum häufig den Gedanken, man dürfe trotz Sünden darauf vertrauen, schließlich des ewigen Heils teilhaftig zu werden, z.B. Abu Darr in der Traditionssammlung des al-Buhari (+ 870) oder Anas in der des an-Nawawi (+ 1277).

310 z.B. Sure 6, 54

311 z.B. Sure 5, 42. 49; 24, 2

312 Sure 11, 44-49.

313 Die johanneischen Begriffe λόγος und ἀλήθεια (= Wort, Wahrheit) aufnehmend, z.B. Sure 19, 35.

314 z.B. Sure 3, 40; 4, 156, 169; 5, 79.

315 „Rechtgeleiteter": Nachkomme Mohammeds und wiederkommender Jesus Christus, der am Jüngsten Tag erscheinen soll: Mehrfach wurde in der Geschichte des Islam eine historische Person für diese erwartete Gestalt gehalten, z.B. um 890 bei Kufa, 909 der Fatimide Ubaidallah, 931 ein Perser, um 1100-1130 Ibn Tumart in Nordafrika, 1881 Mohammed Ahmed im Sudan.

316 „Führer", „Vorbild": Bei den Siebener- bzw. Zwölfer-Schiiten der 7. bzw. 12. in ihrer Geschichte aufgetretene, vor 765 bzw. 873/4 verschwundene Führer.

317 Sure 4, 156

wendigen Trennung von religiöser und weltlicher Gewalt, sondern auch von der Religionsfreiheit. Es ist ein Widerspruch zu sagen, es sei kein Zwang in Glaubensfragen,[318] und zum Christentum übertretende Moslems mit der Todesstrafe zu bedrohen.[319]

Judentum, Christentum und Islam glauben, das scheint klar, an ein und denselben Gott und sind nur über sein Wesen und Verhalten uns Menschen gegenüber verschiedener Meinung. Aber vielleicht muß man lieber sagen, es sei doch jeweils ein anderer Gott, um nicht, wenn man sich dann als bekennender Christ erweist, als vom Islam Abgefallener strafrechtlich belangt zu werden.

Mißverständnisse, die man benennt, werden eben damit als korrigierbar gekennzeichnet. Daran knüpfen sich christlicherseits die Hoffnungen auf ein trotz allem mögliches weiterführendes Religionsgespräch. Wir haben den Islam so wenig wie jede andere Religion auf von uns diagnostizierte Irrtümer festzunageln. Er ist, was die geistigen Probleme betrifft, weit entfernt davon, ein monolithischer Block zu sein, hat eine bewegte Geschichte hinter sich und weist viele Spielarten auf. Wie sich unsere eigene Religion durch viele Fehler hat hindurcharbeiten müssen, so haben wir die Moslems wie uns selbst als der Wahrheit Verpflichtete zu nehmen, die niemandem durchgehen läßt, daß er sich mit dem Nachsprechen doktrinärer, für platte Rationalität einleuchtender Sätze begnügt.

63. Hinduismus und Buddhismus[320]

Dem Hinduismus[321] des einfachen Volkes mit seinen mit Götterfiguren über und über bedeckten Tempeln, blutigen Opfern, um Hygiene unbekümmerten Reinigungsriten, Prozessionen, heiligen Kühen und der Standesgliederung nach Kasten können wir vielleicht einen Sinn abgewinnen, indem wir ihn als bewußt religiösen Vollzug des kraß realistisch gesehenen elementaren Lebens der Menschen verstehen, die sich in die teils über-, teils untermenschliche Natur, in die sie eingebettet sind, alltäglich zu finden und in ihr durchzusetzen haben. Und er

---

318 Sure 2, 257, vgl. 10, 99.
319 Als Anordnung, Religionswechsel mit dem Tod zu bestrafen, deutete z.B. Malik ibn Anas (+ 795) eine überlieferte Äußerung Mohammeds.
320 Aufgrund von Lektüre (bes. H. v. Glasenapp: Die Religionen Indiens, Stuttgart 1943, Die Literaturen Indiens, 1961; G. Mensching: Buddhistische Geisteswelt, Darmstadt, Baden-Baden, Genf 1955), Lexika, Quellenlesebüchern, Vorträgen und Besuchen buddhistischer Einrichtungen.
321 Verstanden als Sammelbezeichnung der Religionen Indiens – wenn man die Orientierung an den Veden als heiliger Schrift und an den die vedische Lehre ausspinnenden und interpretierenden Schriften, z.B. den Upanishaden als Kriterium ansetzt, dann ohne den Buddhismus.

bietet eine Theodizee (mit Rechtfertigung der bestehenden sozialen Ordnung). Obwohl für ihn der Sinn des irdischen Lebens so rätselhaft bleibt wie im Christentum, erscheinen ihm durch den Glauben an Re-Inkarnation und kein Jüngstes Gericht erfordernde karmabedingte „automatische Tatvergeltung" die tatsächlichen Ungerechtigkeiten des Lebens insgesamt ausgeglichen.

In seiner entwickelten Gestalt ist der Hinduismus ein den Polytheismus aufnehmendes und monotheistisch überhöhendes, philosophisch untermauertes System einer auf den Einklang mit dem als höchste Gottheit verehrten Brahma zielenden Spiritualität.[322] Der hinduistische Fromme lebt in seiner Weise gemäß der ontischen Passivität alles Menschlichen gegenüber dem Göttlichen. In das Einssein mit dem Brahma[323] gelangt er durch Askese, Meditation, mystische Versenkung und andere Formen des Yoga, was zu ethischem Verhalten und Handeln bis zur Preisgabe der Vorstellung führen kann, man müsse sich im Leben Ziele setzen und bewußt verfolgen.[324] Der christliche Weg zum Einssein mit Gott ist der Glaube an dessen den Sünder rechtfertigende Gnade. Ob ein Hindu das Dogma akzeptieren könnte, allein das geschichtliche Sterben eines personhaft vorgestellten Gottes in Gestalt seines Sohnes bringe das Heil: Beim Glauben an die Bedeutung eines geschichtlichen Ereignisses kommt es auf das in ihm Gezeigte und nur, sofern es dafür wichtig ist, auch auf die Personen an, die es enthüllten.[325] Und gezeigt wird in beiden Religionen an diesem Punkt eine Antwort auf die Sachfrage, wie man „aus Gott" und „in Gott" leben könne. Im späteren Hinduismus war es möglich, daß er geradezu der Christusverehrung einen Platz einräumte.[326] Judentum, Christentum und Islam nehmen die Sünden des Menschen, sein Versagen und Wiederzurechtkommen in seinem einen Leben ernster als er, der mit den ihm noch bevorstehenden weiteren Existenzen rechnet.

---

322 Z.B. die Brahma, Vishnu und Shiva als Schöpfer, Erhalter und Auflöser der Welt unterscheidende und zusammenfassende, auf Überbrückung zwischen Vishnuismus und Shivaismus zielende Lehre von der „Dreigestalt" (Trimurti) des Göttlichen schon aus der Zeit der Brahmanas, der ältesten Schicht der die Veden erklärenden Literatur, oder Shankaras (788-820) dem Brahma als höchster Wahrheit hinter der bloß scheinbaren Vielfalt die beherrschende Stellung einräumende Lehre von der „absoluten Zweiheitslosigkeit" oder die diese Lehre verbreitende Ramakrishna-Mission im Anschluß an Ramakrishna (1836-1886); vgl. Swami Nikhilananda: Der Hinduismus, Berlin 1958.
323 Vgl. Brhad-aranyaka- und Kathaka-Upanishad; „tat twam asi": Chandogya-U., VI, 8 ff
324 So nach der als Teil des brahmanischen „Mahabharata" überlieferten Bhagavad-Gita (II, 47-57)
325 Vgl. S. 26.
326 z.B. im Gefolge des Brahma-Samaj (1828) des Ram Mohan Rai (1772-1833): Swami Nikhilananda, a. a. O.(Anm. 322), S. 188 (über „Universalreligion").

Für den Buddhismus, hier verstanden als besondere, in gewisser Weise atheistische Spielart des Hinduismus (in ihm ist ursprünglich der historische Buddha, Siddharta, nichts anderes als ein vorbildlicher Mensch, wurden er sowie viele weitere Buddhas und Bodhisattvas erst später zu Göttern) ist alles Weltleben Leid. Er weist den Weg zur Erlösung aus dem Kreislauf der Wiedergeburten, des Eingehens statt ins Brahma in das Nirwana durch die Erleuchtung, indem man – wissend geworden – in wacher Angespanntheit aller seelischen Kräfte[327] Tugenden[328] übt, Untugenden[329] meidet, in der rechten Weise glaubt, denkt, redet, handelt und lebt. Aber als letzte Glieder des achtteiligen Pfads zur Erleuchtung, zu dem diese fünf gehören, erscheinen noch „rechter Kampf, rechtes Gedenken, rechte Konzentration", in einer anderen Fassung „rechtes Streben, rechtes Überdenken, rechtes Sichversenken."[330] Obgleich nach den Erfahrungen mit der „alten Ethik" unserer Breiten auch im buddhistischen Moralismus die Gefahren der Unterdrückung und Verdrängung des Schattens drohen: Kann sie der Buddha-Jünger durch Einhaltung der letzten drei Teile jenes Pfads ver-

---

327 z.B. Suttanipata II, 10, h. nach Mensching, a.a.O. (Anm. 320), 98, der die angeführten Übersetzungen aus K. Seidensticker: Pali-Buddhismus in Übers., 1923, übernahm.
328 z.B. Khuddaka Patha V, Sutta Nipata II, 4 (Mensching, 118 f): „Den Toren nicht ergeben sein, den Weisen ergeben sein, die Verehrungswürdigen verehren .... Das Wohnen in einem guten Lande, ... rechtes Streben des Selbstes .... Viel Wahrhaftigkeit und gutes Wissen, ganz durchgeführte Selbstdisziplin und wohlgesprochene Worte ... Vater und Mutter unterstützen, für Weib und Kind sorgen, eine friedfertige Beschäftigung ....Wohltätigkeit und religiöser Wandel, Zuneigung zu den Verwandten und untadelhafte Werke ..... Selbstzucht und Abstehen vom Bösen, Meidung berauschender Getränke ... Ehrerbietung und Demut, Zufriedenheit und Dankbarkeit, ... Geduld und Milde, der Verkehr mit Asketen und Unterredung über die Lehre zur richtigen Zeit ... Tugendpflege und keuscher Wandel, ... Das Gemüt eines von den Dingen der Welt berührten Menschen, welches nicht erzittert und kummerlos, leidenschaftslos und frei von Furcht ist: dieses ist das höchste Heil."
329 z.B. Sutta Nipata II, 2 (Mensching, 119): „Leben zerstören, morden, ... fesseln, Diebstahl, lügnerische Reden, Betrug und Hintergehungen, das Verkehren des wahren Sinnes und die Hingabe an das Weib eines andern .... Menschen, die hienieden ungezügelt in sinnlichen Lüsten (leben), nach angenehmen Dingen gierend, mit unreinen Dingen verbunden, frivole Leugner, ungerecht, störrisch: ....Die da roh, hartherzig, verleumderisch, treulos, erbarmungslos, aufgeblasen sind, die nicht zu spenden pflegen .... Zorn, Trunkenheit, Starrsinn und herrisches Wesen, Täuschung, Neid, Großsprecherei, Stolz und Dünkel, vertrauter Umgang mit Ungerechten ... Die in dieser Welt schlechten Sitten ergeben sind, leichtfertige Schuldner, Ohrenbläser, Gleisner, Fälscher ... Menschen, die hienieden gegenüber lebenden Wesen ohne Beherrschung sind, auf die Schädigung anderer bedacht, nachdem sie (diesen ihr Eigentum) genommen haben, ... Lästerer ohne jede Scheu: dies ist unrein, ..."
330 Majjhima-Nikaya 44 (Mensching, 106), anders in Predigt v. Benares nach Mahavagga I, 6 , Samyutta 56, 11 bei v. Glasenapp: Die Religionen Indiens (Anm. 320), 210.

meiden dadurch, daß sich ihm die überlieferten Lehrreden Siddhartas mit ihren vielen monotonen Wiederholungen fest einprägten und er sich in einem tiefen geistigen Ringen in den Abgrund des Lebens (z.b. durch meditative Betrachtung von Leichen und Ekelerregendem) versenkte? Vermag er so ohne die Gefahr, sich über seinen eigenen inneren Zustand zu täuschen, die leidvolle Welt – alle Freude wie alles Leid – hinter sich zu lassen, frei zu werden vom Begehren, Haß, Verblendung,[331] dem Haften an körperlichen Formen, Empfindungen, Wahrnehmungen, Gemütsregungen, Bewußtsein und von dem Wahn zu meinen, diese wären sein Ich? Ja, in dieser Religion, in der man sich scheinbar egozentrisch auf das eigene Heil konzentriert, gibt es die Lehre, es existierten eigentlich gar keine Seelen, man habe sich nicht als ein eigenes Etwas, sondern sozusagen lediglich als ein Akzidens, eine Welle an der Oberfläche des großen Meeres der alles umfassenden Natur zu verstehen.[332] Als Umstürzung der gewöhnlichen, auch der moralischen altethischen, wird die geforderte Lebenseinstellung besonders deutlich im – das Zen als den Inbegriff wahren Lebens ohne Rücksicht auf metaphysische Spekulationen pflegenden – Zen-Buddhismus: als Zusammenbruch des gewohnten Denkens und Fühlens,[333] vergleichbar der Neuorientierung durch eine den betreffenden seelisch umkrempelnde Psychotherapie.

Für das Christentum ist nicht alles Weltleben Leid, sondern das Leid der Welt Aufgabenfeld tätiger Liebe. Aber indem es dem Leiden des Gottessohnes Heilsbedeutung zuspricht, berühren sich doch beide darin, daß sie dem schon mit der Endlichkeit alles Lebens gegebenen Leiden in der Welt ins Auge sehen und zeigen, wie aus dieser Situation etwas Sinnvolles erwachsen kann. Während der buddhistische Mönch aber gleichsam aus deren Absurdität seelische Kräfte zieht, hält es der Christ meist geradezu sterblichkeitsvergessen mit dem Ur-, seinem Gottvertrauen, dem Vertrauen auch darauf, daß sich dieses selbst nach Depressionen lebenslang als die ihn tragende Grundgestimmtheit erweisen wird. Es umfaßt entgegen dem Eindruck endgültiger Endlichkeit auch die Zuversicht, über das vergängliche irdische Leben hinaus in Gott als etwas Wertvolles unverlierbar aufgehoben zu bleiben. Besonders im japanischen Buddhismus[334] kam es zu Übereinstimmungen mit dem Christentum. Entleert scheint aber der richtige Kern der Aufnahme des Glaubens an eine gnädige Gottheit, wenn Litaneien immerfort

---

331 Visuddhi Magga des Buddhaghosa (Mensching, a.a.O., 149-164); Udana III, 10 (Mensching, 59)
332 So vereinfachend nach Aussagen im Samyutta-Nikaya XXII, 82 (Mensching, 59)
333 Nach D. T. Suzuki: Die große Befreiung, 1939 (Mensching, 282-285)
334 z.B. die Jodo- und die Shin-Sekte (aus dem 12./13. Jh. n. Chr.).

wiederholt gesprochener heiliger Silben[335] oder gar die Betätigung einer Gebetsmühle, das Individuum gleichsam einschläfernd, die Geborgenheit in der göttlichen Gnade vermitteln sollen.

Die für Judentum, Christentum und Islam bezeichnende politische Komponente fehlt in Hinduismus und Buddhismus. Der Hinduismus zeigt eine resignative Grundhaltung, wenn sich – selbst gegen staatliches Verbot – die alten sozialen Strukturen halten und er dem durch sie bedingten Elend nicht entschieden genug zu Leibe rückt. Immerhin hat der Buddhismus das Kastensystem aufgebrochen. Und gerade der durch seine Philosophie der leidvollen Existenz scheinbar für Resignation prädestinierte, persönlich machtlose buddhistische Mönch vermag in seiner Weltüberlegenheit und seiner allem Lebenden positiv zugewandten friedlichen mitleidigen Gesinnung eine tiefe Heiterkeit auszustrahlen und einen Einfluß auszuüben, der sich indirekt auch politisch beruhigend auswirken kann. Ähnliches gilt auch für hinduistische Weise. Hinduismus und Buddhismus erscheinen nicht als für Judentum und die christliche Welt politisch bedrohlich, sondern eher als spirituell anregende Konkurrenz und – so z.B. bis heute in Indien und Pakistan der dem Islam widerstehende Hindu-Nationalismus – trotz des gegenteiligen Leitbildes mitunter doch gewalttätig.

64. Christliche Sekten

„Sekte" ist so wenig wie „Ketzer"[336] ein objektiv-sachlicher Begriff, sondern eine den Machtverhältnissen geschuldete Einteilungskategorie. Wie man nicht Ketzer ist, sondern verketzert wird, so werden je nach Standpunkt Glaubenspositionen, und unter Umständen auch seitens kleiner Gemeinschaften große, etablierte, als „sektiererisch" beurteilt. Gerade die Vertretung des wahren Anliegens einer Religion kann in kleine Gruppen abgedrängt werden, während sich Mehrheits-Religionsgemeinschaften als für radikalere Konsequenz zu träge zeigen.

Nur wenige Erscheinungen aus dem Bereich christlich geprägter Religiosität seien gestreift, nur am Rande erwähnt als Antithesen zum Christentum bewußt neuheidnische Gruppen einschließlich der deutschgottgläubigen aus dem Umfeld

---

335 z.B. „him", „phat", besonders „om" (diese schon in der Chandogya-Upanishad), aus denen man Mantras (magisch wirkende Zauberformeln) zusammensetzte (gebräuchlich im Brahmanismus seit um 500 n. Chr. und bes. im tibetischen Buddhismus)
336 „Häretiker" (αἱρετικοί) = Auswählende. Sekte: griech. αἵρεσις (vgl. S. 35 mit Anm. 56) von αἱρέομαι = wählen, lat. secta = Handlungsweise, polit. Partei oder philosophische Schule von sequi = folgen.

des Nationalsozialismus[337] sowie der Satans- und Vampirglauben.[338] Dabei ist letzterer insofern auch christlich interessant, als er das früher beleuchtete Problem des Schattens hervortreten läßt, der sich in wohl jedem Menschen gegen moralistische Beseitigung oder Nichtbeachtung sträubt,[339] sein Sensorium für Blut, Erotik, Grausamkeit, Masochismus und Sadismus, und an die Brüchigkeit der Meinung erinnert, für seelische Erziehung bedürfe es nur rationaler Aufklärung. Bei wirklichem (nicht nur formelhaftem) Verständnis und gelebter Verwirklichung des Christentums müßte aber auch Anfälligkeit für die geistige Enge von Gruppierungen unmöglich sein, die auf Rationalität verzichtendes rückhaltloses Vertrauen zu ihren Führern einfordern und lediglich unbefriedigten Menschen eine, wenn auch nur scheinbare, menschliche Zuwendung und einen festen Lebensrahmen bieten. Christentum nach der hier vorgelegten Auffassung seines Wesens ist im übrigen offen für von „Sekten" vertretene Wahrheiten und betrachtet sie insoweit gar nicht mehr als sektiererisch. Wirklich sektiererisch sind für es Entwicklungen, die erkennbar die Wahrheit des Christentums entstellen.

Die meisten Motive der eigentlichen christlichen, Wahrheit mit Sektierischem vermischenden Sekten waren in der Spannung zwischen der Erwartung des nahen Reiches Gottes und dessen Ausbleiben schon im Neuen Testament angelegt: Wahres christliches Leben müsse, so meinte man, gemäß den Evangelien und besonders der Bergpredigt gegen amtskirchliche Verwässerung die Ablehnung von Kriegsdienst und Eid, z.T. der Ehe, des Reichtums,[340] ja, eigenen Besitzes (in einem wirklichen Kommunismus),[341] und gar des Staates überhaupt[342]

---

337 z.B. Mathilde Ludendorffs Schrift „Erlösung von Jesu Christo" 1931 und ihr „Bund für Deutsche Gotterkenntnis (Ludend,)", Deutschgläubige Gemeinschaft und Arbeitsgemeinschaft der Deutschen Glaubensbewegung 1933; Gründung eines Dachverbandes durch Neuheiden, Okkultgruppen und Neosatanisten 2002 (nach Materialdienst der Ev. Zentralstelle für Weltanschauungsfragen= MD 2002, S. 116 ff)
338 Zum Begriff „Satanismus": MD 2004, S. 420 f; „Vampirismus": MD 2006, S. 205 ff.
339 Vgl. S. 56 und Anm. 32 auf S. 26.
340 Waldenser (die sich auch gegen Fegfeuerglauben und Ablässe wendeten), das Armutsideal der Franziskaner, die in der Kirche gehalten wurden; die Quäker, Raskolniki, Tolstojaner; Zeugen Jehovas, die schon im 1. Weltkrieg als Kriegsdienstverweigerer das Martyrium erlitten.
341 Albigenser (die überhaupt das Materielle, z.B. eheliche Verbindung und animalische Speise, mieden),"Königreich von Münster" 1535, anchließend an den 1536 verbrannten J. Hutter die Hutterer, anfangs die Mormonen, die russischen Duchoborzy unter Einfluß Tolstojs (mit Vegetarismus und angesichts heraufziehender Leidenszeit mit geschlechtlicher Enthaltsamkeit).
342 Raskolniki, Separatisten im frühen deutschen Pietismus, die Zeugen Jehovas, denen die Staaten ebenso wie die Amtskirchen und kapitalistischen Organisationen. als satanisch gelten, obwohl sie sich in dem unseren offenbar gut aufgehoben fühlen.

praktizieren und sich – moralisch rigoros – der Vergnügungen enthalten.[343] Das sind Überspitzungen, die sich oft nur unter Selbsttäuschung und nicht von jedem in jeder Situation in die Tat umsetzen lassen. Wo es gelingt, kann einzelnes zu seiner Zeit ein Zeichen sein. Nach der hier vorgelegten Sicht sollte man das Christentum bei allem in die Tiefe dringenden Verständnis seines Wesens aber vor allem in einer Weise begreifen und akzeptieren, in der es – bei ehrlicher Selbsteinschätzung – allgemein realisierbar ist.

Erfüllung mit dem urchristlichen Heiligen Geist, die sich durch Zungenreden und Heilungswunder kundgibt, glaubte man, ereigne sich in der eigenen Gemeinschaft von neuem.[344] Das Auftreten der Phänomene – zumal in als solche empfundenen Ausnahmesituationen – ist kaum zu leugnen. Die Frage ist, welche Bedeutung wir ihnen und ihrem Ausbleiben bei „gewöhnlichen" Christen in „gewöhnlichen" Zeiten beimessen. Auch sie mögen den Glauben stärkende Zeichen sein, dürfen aber nicht darüber hinwegtäuschen, daß Jesu und unzähligen Christen nach ihm das Martyrium nicht erspart blieb. Abgeblaßt und modernisiert erscheint der Aspekt geistbedingter Heilung z.B. in der adventistischen Empfehlung gesunder Lebensweise und Ernährung[345] und in den Lehren der Christian Science über Genesung des Menschen von der Seele her.[346] Die Zeugen Jehovas haben das Vertrauen zum allein wahre Heilung ermöglichenden Gottesgeist, auch mit Berufung auf das Verbot, Menschenblut zu vergießen und in sich aufzunehmen, bis zur Ablehnung operativer medizinischer Eingriffe getrieben.

Auf eine tatsächliche grundlegende Problematik verweisen Gruppen, denen der heilige Geist – in scharfem Gegensatz zur geistigen Unfreiheit z.B. der Zeugen Jehovas – für eine geistige Auffassung des Christentums gegen Bindung

---

343 Montanismus (ca 160-400), russische Molokanen (auch gegen Sakramente und Ikonenverehrung).

344 Zungenreden und Heilungswunder z.B. im anfänglichen Pietismus, im „katholisch-apostolischen" Ursprung der Neuapostolischen, Geistheiler z.B. 1905 auf den Philippinen, seit 1935 in England, nicht nur in Sekten.

345 1833 Joseph Smith's (des Gründers der Mormonen) Ernährungsvorschriften (vorwiegend vegetarisch, nicht Alkohol, Tabak, heiße Getränke); 1863 Ellen Gould White's (Prophetin der „Siebenten-Tags-Adventisten", die wunderbare Heilung ihres Mannes erbeten hatte) Vision: Gott werde niemals durch Wunder die Gesundheit derjenigen erhalten, die durch Nichtbeachtung der Gesundheitsregeln den Weg zur Krankheit gehen. 1899 Gründung eines Deutschen Vereins für Gesundheitspflege mit eigener Bäckerei und Nährmittelfabrik. Ähnlich im „Philanthropischen Werk" A. Freytags, der sich 1920 von den Zeugen Jehovas getrennt hat: Derjenige werde ein Leben ohne Haß, Krankheit und Tod finden, der dem von Gott der Schöpfung eingepflanzten Gesetz des Altruismus gehorcht.

346 1892 „The First Church of Christ Scientist" genannte Gemeinschaft von Mary Baker Eddy, die wunderbare Heilungen erlebte, auf der Grundlage ihres Buches „Science and Health ....", 1867-1875

durch Schrift und Dogma steht[347] und die dabei z.T. – ein Hinweis auf die Schwierigkeit, die Trinitätslehre richtig zu verstehen, – zum Unitarismus gelangten.[348] Z.T. wurden dann auch dogmatisch verstandene Vorstellungen von der unvermeidlichen Sündigkeit des Menschen und seiner Rettung allein durch Jesu Opfertod abgelehnt.[349] An dem Bericht des Buches Mormon über Jesu Amerikaaufenthalt ist nur richtig, daß „Gott im Menschen" – weit über das damalige Palästina hinaus – Amerikanern genauso nahe ist und ihnen genauso gilt wie allen anderen Menschen. Das Zutrauen zum – heiligen – Geist statt zu Autoritäten übte man anderswo auch, indem man glaubte, als Christ, der man geworden war, einfach eigenen Eingebungen folgen zu dürfen.[350]

Um reine Phantasien, für die aber Menschen immer wieder empfänglich sind, handelt es sich bei den angeblich biblisch begründeten Berechnungen, wann das nahe geglaubte Weltende mit der Wiederkunft Christi und dem Anbruch des tausendjährigen Reiches Gottes auf Erden eintreten werde.[351] In der Folge solcher Terminierungen wurden von den betreffenden Gemeinschaften als fundamental angesehene Änderungen vorgenommen. So, wenn es nach großen politischen Umwälzungen bei tiefer Unzufriedenheit mit den hergebrachten Kirchen 1832-1835 in England zur wunderhaften Berufung von „Aposteln" und der Begründung der „Katholisch-Apostolischen" Gemeinde kam, aus der später die „Neuapostolische" wurde, welche die Zersplitterung der Christenheit überwinden wollte, aber durch ihr Auftreten vermehrte. Oder, wenn Ende 1844 / Anfang 1845 nach dem Verstreichen des Wiederkunfttermins der Adventisten diese die Sabbatfeier wiedereinführten. Oder, wenn diejenigen, die früher einmal „Millenniumstagesanbruchsleute" hießen, nach einem solchen Termin 1926 durch eine Offenbarung erfuhren, Gott wolle, daß man ihn mit dem in der Christenheit „vergessenen"

---

347 „Inspirierte" im Anfang des deutschen Pietismus; die russ. Duchoborzy um 1800; Chr. Hoffmanns 1861 gegründeter „Deutscher Tempel" (Tempelgesellschaft)
348 z.B. um 1605 polnische „Sozinianer" (nach dem Italiener F. Sozzini), die russischen Duchoborzy seit 1740; die sich 1927 „Unitarische Freie Religionsgemeinde" nennende Gruppe in Frankfurt/Main seit 1845; die sich seit 1950 „Deutsche Unitarier" nennenden „Freien Protestanten" in Rheinhessen seit 1876/77.
349 Pelagianer um 400/410 in Rom; Verwerfung der Rechtfertigung allein aus Glauben durch die Mormonen; Aussöhnung Gottes mit den Menschen, indem er selbst stellvertretend für diese leidet, ist für die Neugeist-Bewegung eine unsinnige Vorstellung (so 1895).
350 Die Messalianer (um 400), die „Inspirierten" (vgl. Anm. 347)
351 Der Baptist W. Miller, auf den die Siebententags-Adventisten zurückgehen, für den 21. 3. 1844; Jehovas Zeugen für 1874, 1914, 1925, 1975 und neuerdings (MD 2004, S. 112) vielleicht für 2034 (1914 + 120 Jahre nach 1. Mose 6, 3); der neuapostolische Stammapostel J. G.Bischoff, der 1960 starb, laut ihm 1951 zuteil gewordener „Botschaft" für einen Zeitpunkt „noch vor seinem Tod".

Namen „Jehova" nenne, 1931 den Namen „Jehovas Zeugen" annahmen und, indem sie Jesaja 43, 10-12 auf sich bezogen, die einzigen Zeugen und der einzige Knecht dieses Gottes zu sein beanspruchten. Die Angabe von Jahren, in denen das Reich Gottes anbrechen soll, beruht – unter dem Gesichtspunkt der theologischen Ontologie – auf demselben Mißverständnis der ontischen Abhängigkeit von Gott als einem temporalen Vor- und Nachher, das schon im Neuen Testament vorlag.[352] Die diesbezüglichen Phantasien haben höchstens den Wert der Vorstellung vom Jüngsten Gericht nacheifernder Bilder für Gottes Nähe zu uns und unsere Nähe zu ihm sowie für den Ernst, mit dem uns Befolgung der Gebote Gottes abverlangt ist, selbst wenn ihre Übertretung auf Erden anscheinend oft folgenlos bleibt. Indiskutabel sind – gemessen am Sinn des Christentums – z.B. die Ausmalung der Zeugen Jehovas von der Endschlacht gegen die Nichtmitglieder, die Behauptung, nur bei Migliedschaft werde man gerettet und die Propaganda für sie sei die uns von Gott gebotene wichtigste Aktivität.

Es gab Gruppen, die im Widerspruch zu der tatsächlichen geschichtlichen und substantiellen Abhängigkeitsbeziehung das Verhältnis zum Judentum durch Kappung der Bindung an das Alte Testament radikal klären wollten oder meinten, Jerusalem als Ort der Sammlung des Volkes Gottes aufsuchen und die Juden zum Christentum bekehren zu sollen.[353] Die adventistische Wiederaufnahme der Sabbatfeier erinnert daran, daß unser Sonntag in der Tat ein Bekenntnis zu dem mit Jesu Auferstehung eingetretenen Neuen, eine – nicht alttestamentlich begründbare – Lösung aus der Verknüpfung mit Israel bedeutet. Sich „Jehovas Zeugen" zu nennen offenbart nicht nur historisch-philologische Unkenntnis, sondern eine Mißachtung der geschichtlichen Rolle des wirklichen Israel und seines ehrfurchtsvollen Nichtgebrauchs des Gottesnamens.

65. Atheismus

Christentum und ein durchdachter Atheismus sind nicht nur Gegensätze, sondern stehen in gewisser Weise einander nahe. Denn was es mit dem Gottesglauben auf sich hat, kann nur wirklich erfassen, wer das Problematische des Glaubens kennt. Die Erfassung ein und desselben Grundproblems – daß Welt und Leben nichts Selbstverständliches sind – führt in beiden Fällen zu einer innerweltliches Tun in Frage stellenden, ihm höchstens einen vorletzten Sinn zuerkennenden Lebenshaltung. Der Gegensatz liegt gar nicht so sehr in der, wie auch der Christ

---

352 Vgl. S. 94
353 Die frühchristliche Gnosis, bes. die Marcioniten; die Tempelgesellschaft (vgl. Anm. 347), der Jude Abram Poljak mit Gründungen von 1935 an.

zugibt, theoretisch unsicher bleibenden Behauptung der Existenz eines Gottes bzw. deren Leugnung, sondern in dem Bild von einem Gott, das jeder Mensch in sich trägt. Das des Atheisten würde jedenfalls die ihm prinzipiell als vernünftig geltenden Menschen nicht stören bei ihrem Bemühen, alle Ungerechtigkeiten des irdischen Lebens auf rationale Weise zu beheben. Im Christentum aber nimmt man das Fehlerhafte des Menschen und die göttliche Kraft, die mit ihm umzugehen lehrt, zum Ausgangspunkt für eine Haltung, die gerade darum frei ist, sich für ein menschlicheres Leben auf Erden mit aller Kraft einzusetzen, weil sie eine Lösung aller Probleme für hier unmöglich hält. Während aber der Christ gehalten ist, zu seinem Teil die spezifische politische Verantwortung einer ihrer kirchlichen Aufgabe bewußten Kirche wahrzunehmen, wird deren Macht durch das Nichtmitmachen des Atheisten geschwächt. Parteipolitische Aktivität ist kein Ersatz für den Beitrag, den die Kirche als Anwältin des die Menschen liebenden und sie zur Nächstenliebe herausfordernden Gottes zur Politik zu leisten hat.

Neben dem durchdachten gibt es den oberflächlichen Atheismus, der die Probleme nicht wahrhaben will, sich rationalistisch gegen „so etwas Phantastisches" wie einen unbeweisbaren Gottesglauben entscheidet und sich über ein vielleicht für seine Lebenseinstellung tonangebendes Gottesbild keine Gedanken macht. Zu dieser Art Atheismus gehört der Marxismus in seiner politisch wirksam gewordenen Gestalt, der den Aktionismus für das Gute mit Judentum und Christentum (in denen er wurzelt) gemein hat. Die religiöse Frage, die auch für den Marxisten besteht, wird ignoriert, die fehlerhafte „reaktionäre" Ausrichtung der Kirche, der sie natürlich infolge menschlicher Trägheit immer wieder verfällt, zum Spezifikum jedes religiösen Glaubens erklärt, während man selbst tatkräftig für Verbesserungen im diesseitigen Leben sorge. Ebenso oberflächlich atheistisch sind heutige Intellektuelle, die, ohne den Sinn, den die entsprechenden Äußerungen Nietzsches hatten, wirklich nachzuvollziehen, von der Gegenwart als der Zeit „nach dem Tode Gottes" sprechen.[354] Sich für einen überzeugten Atheisten auszugeben ist leicht; schwieriger ist es, zu erkennen und anzuerkennen, wie die eigene Seele zu der Frage tatsächlich steht.[355]

---

[354] Den Tod des Glaubens an Gott mit dessen eigenem Tod verwechselnd. Vgl. Fr. Nietzsche: Die fröhliche Wissenschaft, 1882, Nr. 25; Also sprach Zarathustra, 1883 ff, IV: Der häßlichste Mensch.
[355] s.o.: S. 16

Paraphrase zum Glaubensbekenntnis (Apostolikum)

1. Artikel: Ich empfinde und sehe das Problem der Existenz und der Beschaffenheit der Welt und meines Lebens, die ihren Ursprung und ihren Sinn nicht in sich selber tragen und in denen sich nicht alle Rätsel nach einem menschlichen Maßstab der Gerechtigkeit lösen. Ich halte mich als Mensch in dieser Welt an eine höhere Instanz – und verlasse mich darauf, daß ich von ihr gehalten und getragen werde, – in der die Welt ihren Ursprung und Sinn hat, an die zu glauben mich meinen Blick aus dem Abgrund heben läßt, eine Instanz, die mich, so glaube ich, über Abgründe hinwegtragen will.

Ich bekenne, daß ich nicht umhin kann, mir diese Instanz kindlich-plastisch als einen Schöpfer vorzustellen, der den Charakter eines über die Maßen und ohne alle Grenzen verständnisvollen, weisen, liebevollen, unabweisliche Forderungen stellenden und gerechten Menschen – sei es ein Mann oder eine Frau – trägt, mit einem Verständnis für Frauen, wie es kein Mann haben kann, zumal ich weiß, daß er in Wirklichkeit weder Mann noch Frau, sondern ganz anders sein muß als alles, was wir uns denken können.

Ich halte mich an ihn und werde, wie ich glaube, gehalten durch ihn als den Schöpfer von Kosmos und Chaos, von Gutem und Bösem, den Sieger, der im Chaos Kosmos ist, der eine Ordnung aufrichtet und dem Chaos abringt, die dieses mit hereinnimmt und fruchtbar macht. Ich halte mich an ihn und werde durch ihn gehalten als den Schöpfer, der uns alles, was zu unserem Wesen gehört, und so auch die Orientierungsmöglichkeit an einem Maßstab des Guten, gegeben hat und selbst weder gut noch böse, der unseren Maßstäben der Gerechtigkeit nicht unterworfen ist.

Und ich halte mich an ihn und werde, glaube ich, durch ihn gehalten als einen, der für mich und – glaubhaft oder nicht glaubhaft – auch durch mich für meine Mitmenschen gerecht und liebevoll wird, indem ich ihn glaubend als den nehme, der die Liebe ist: den Verursacher des Schicksals, das ich im Horizont meines Weltlebens in Freiheit mitgestalte und den wir nicht durch Aufbäumen gegen es oder ihm die Schuld zuschiebende Willfährigkeit für das uns Bedrängende verantwortlich machen, sondern in der Weise von Herzen akzeptieren, daß wir – als seine nach Kräften alles zum Besten kehrende Mitarbeiter – seine Liebe mit unserem Wesen und Tun bezeugen.

Ich weiß mich mit einem solchen Gottesglauben in der Tradition des jüdischen Jahwe-Glaubens, der geschichtlich der lebens- und auseinandersetzungsvollen polytheistischen orientalischen, der henotheistischen vorisraelitischen und der monotheistischen iranischen Erfassung des Wesens des Göttlichen verbunden ist, aus ihnen mit politischer Kraft und politischem Willen durch das Wort der Propheten gestaltet worden und schließlich auch der Glaube des aus dem Judentum hervorgegangenen Christentums geworden ist: ein Sichhalten an einen geschichtlichen Gott, der konkret, unserem Denken und Fühlen in unserem persönlichen und politischen Leben nahe ist.

Ich glaube an diesen Gott eigentlich, ohne zu „glauben", in dem nüchternen Annehmen der Wirklichkeit der Welt und des Lebens ohne besondere Glaubenskunst und Spekulationenliebe, wie es für den Glauben der Juden bezeichnend ist. Ich glaube an ihn als den letzten Sinn, dem wir uns bei Durchstreichung aller selbstgemachten Sinngebungen in beckettscher[356] Sinnlosigkeit am ehesten ergäben.

So ist er der Gott, zu dem wir uns in unserem Leiden an der Ungerechtigkeit dieser Welt aufrichten, den wir als strafenden und richtenden Gott nicht verehren, indem wir uns für unsere Vergeltungssucht, unseren Sadismus, unsere Rechthaberei und unser Konzept zur Absicherung des ins Schwanken geratenen geistigen Fundaments eines geordneten Zusammenlebens der Menschen auf ihn berufen, sondern dessen wahre Größe und Macht eine versteckte ist: von seinen eigenen Verehrern bedroht, durch ihre gläubigen, gesetzlichen Bemühungen verdeckt und erstickt und dennoch die durch nichts aufzuhebende, sich als die größte Macht erweisende Wahrheit, an der sich keiner folgenlos versündigen kann. In solch starker Schwachheit ist er es, auf den wir mit Recht all unsere Hoffnung und all unser Vertrauen setzen.

2. Artikel: Ich glaube, daß es Gott, wenn er auf Erden erschiene, infolge der Herrschaft des νόμος (des positiven Rechts, der Sitten und üblichen Verhaltensweisen der Menschen, die, wenn sie sich selbst angegriffen fühlen, gern von „Beleidigung Gottes" sprechen) so erginge, wie es dem wirklichen fehlbaren Menschen Jesus von Nazareth ergangen ist. Menschen machen, auch wenn sie selbst Übles verschulden, Gott verantwortlich für die Ungerechtigkeiten unserer Welt.

Indem Jesus, und d.h. für meinen Glauben: Gott selbst ein Verfluchter im Sinn des νόμος wurde,[357] ist dieser für mich entlarvt, entmachtet und zunichte geworden. Hierin besteht meine „christliche Freiheit". Er akzeptierte es, daß man ihn zum Sündenbock für die Verfehlungen der Menschen machte, und gestaltete

---

356 Bezugnahme auf Samuel Beckett: Warten auf Godot, dessen Aufführung ich 1966 in einmalig psychisch anrührender Weise als Darstellung des offenbar Sinnlosen als etwas dennoch Sinnvollen und als Befreiung von der Nötigung erlebte, sich rational eine sinnvolle Erklärung für Unverständliches zurechtlegen zu müssen.
357 Nach Galater 3, 13

diese Rolle um in die eines die Verhältnisse der Menschen entgiftenden, sie zu guter, fruchtbarer Auseinandersetzung befähigenden heilbringenden stellvertretenden Leidens.

Ich stehe unter dem Eindruck des Bildes von Jesus, dem Gekreuzigten, der litt, starb und begraben wurde, das für mich zum Bild Gottes geworden ist, eines Gottes, der im Leiden siegreich, im Tod der Lebende, als Richter über unser Leben voll ehrlicher Strenge, Verständnis und Vergebung und in dem allen ein König des Friedens und der wahre König der Herzen der Menschen ist. Ich orientiere mich in Freude und Leid, in dem Guten, das ich tue, und auch, wenn ich schuldig werde, an diesem Bild.

Christlich heißt diese Freiheit nur, weil sie in geschichtlich bahnbrechender Weise an Jesus, den man den Christus nannte, verdeutlicht wurde. Aber es geht um das wahre Menschsein im Angesicht Gottes, zu dem jede Religion den Weg sucht oder doch suchen sollte. Parteinahme für Jesus ist Parteinahme für Gott selber und damit für das wahre Menschentum und damit für eine Sache, die als solche nicht an der Person des Menschen Jesus hängt, sondern nur an der des, wie wir glauben, in ihm dargestellten Gottes.

In Jesus hat sich uns Gott zur Zeitenwende auf Erden geoffenbart, als im Judentum unter dem Römerjoch die Hoffnung auf einen wunderbaren Messiaskönig lebendig und sein Kommen, wie viele meinten, ganz nahe war. In Jesus zeigte sich der Messias in einer anderen Gestalt, als man ihn sich vorgestellt hatte. Und er blieb nicht unter den Menschen oder trat doch in die Verborgenheit in den Herzen der Menschen zurück, die ohnmächtig-machtvoll „Macht in seinem Geist" verkörpern, so daß die Juden recht haben, wenn sie auf sein offenbares, sichtbar mächtiges Kommen noch immer nur warten und vielleicht mit ihm zu ihren Lebzeiten gar nicht rechnen.

3. Artikel: Ich verlasse mich darauf (und werde mir vielleicht darin immer sicherer), daß es ein „Volk <des jüdischen> Gottes" gibt und die Kirche, deren auch formelles Mitglied ich bin, eine Variante und Repräsentation dieser meiner „Kirche" ist, die die Grenzen der „äußeren" Kirche, zu der ich gehöre, überschreitet, so daß niemand wissen kann, wer zu ihr gehört, die ich aber durch Mitmachen in meiner „äußeren" Kirche bewußt mittrage. Ich halte mich zu ihr. Ich verstehe sie als eine in der Gesamtmenschheit angelegte und gemeinte Gemeinschaft von Menschen, die Gott sich zu eigen gemacht hat und sich Gott zu eigen gegeben haben, in der Gott uns nicht nur Vater, sondern auch Mutter ist in einer Zeit, in der Jesus selbst nicht mehr unter uns weilt, um uns seine Weisung zu erteilen.

Sie ist eine Gemeinschaft, in der eine Liebe tragend ist, die auf der Vergebung der Sünden durch Gott und untereinander basiert, und in der es aufgrund des versöhnten Einsseins mit Gott froh machende, ermutigende Wirkungen seiner Kraft – gelegentlich bis hin zu wunderbarer auch körperlicher Heilung – gibt, die man nicht für möglich gehalten hätte.

Ich finde in ihr sinnvolles, wahrhaftiges, erfülltes Leben, wie es im Geheimnis der Lehre von Jesu Tod und Auferstehung gemeint ist, an dem ich, so glaube ich, in der Kirche Anteil habe. „Bestehen vor Gottes Gericht nach vorangegangener persönlicher Auferstehung" und „neues Leben im Jenseits als der Welt Gottes" sind Bilder, die das mit „sinnvollem Leben" Gemeinte veranschaulichen und mich in meinem alltäglichen Leben und Denken begleiten und tragen.

Stichwortverzeichnis

Sachen*)

Absoluter Geist 37, 48, 53*, 55
Absolutheitsanspruch 13, 42, 66, 85, 87, 90, 99, 108
Adventisten 121-123
Albigenser 120
Allmacht 17 f*, 29 f, 109
Alte Ethik 26, 30, 55, 72, 117 f
Anthropomorphismus 15, 46, 54
Anthroposophie 92
Apokalyptik 69, 72, 75, 88
Apostolikum 68 f*, 78, 81, 103, 125-128
Arkandisziplin 104 f. 109
Atheismus 15 f, 18, 41, 117, 123 f*
Auferstehung 13, 23, 36-38*, 43 f, 77, 81, 88, 123, 128
Aufklärung 52, 54, 76, 82, 87, 90, 120
Augustus 22
Auserwählt 25, 50, 69, 73, 101-103, 108, 110
Baal 88
Bahai 91 f
Barmherzigkeit Gottes 89, 113 f
Basis des Ökumenischen Rats der Kirchen 22, 68
Bekenntnisschriften 68 f
Bergpredigt 62, 76, 86, 113, 120
Besitz 41 f, 48, 120
Bhagavadgita 43 f, 116

Böses 19, 29, 45, 47 f, 50, 55, 62, 89, 117
Brahma 116 f
Brahma-Samaj 92, 116
Buddha 89, 117
Buddhismus 66, 90 f, 114-119*
Chaos 18, 46, 125
Christentum und Judentum 14*, 18, 23 f, 35, 38, 75 f, 79, 81, 84, 88, 90 f, 105, 107-110*, 123
Christian Science 121
Christliche Parteien 63, 87
Christlicher Grundmythos 22, 24*, 27, 30, 32, 37, 75, 81 f, 84, 97
Christus 23*, 28, 34, 36 f*, 43, 45, 91 f, 101, 104 f, 116, 127*
Chronistisches Geschichtswerk 74
Dekalog 51, 54
Demokratie 60, 62 f, 87, 97
Dennoch des Glaubens 31
Determinismus 45
Deuterojesaja (bes. Jesaja 53) 14, 23*, 29 f, 70, 74 f, 81
Deuteronomistisches Geschichtswerk 73 f
Deuteronomium 73, 75
Deutsche Christen 82
Deutschgottgläubige, Deutschreligion 82, 119 f

---

*) Einschließlich Götternamen und religiöser Würdetitel. Mit * sind Hauptstellen bezeichnet.

Dialektische Theologie 79
Dichtungsgleichnis 17*, 29, 38, 94
Disciples of Christ 85
Dreieinigkeit, Trinität 38 f*, 68, 79, 82, 89, 101 f, 114, 122
Dualismus 18 f, 27, 45, 71
Duchoborzy 120, 122
Ea 46
Ehe 42, 50, 57 f*, 86, 120
Eigentum 49, 51, 54
El 74, 88
Enlil 46
Entmythologisierung 79, 96
Erlöser, Erlösung 23, 25, 71, 92, 95, 101, 107
Eschatologie (vgl. Apokalyptik, Naherwartung, Weltende) 78, 83
Ewiges Leben 26, 43, 76
Existentialismus 80, 94
Existentiell (vgl. Ontisch) 17, 41, 72
Existenz Gottes 16, 101, 124
Existenzproblem 41, 125
Fatalismus 45, 112
Feindesliebe 53, 62 f
Franziskaner 76, 120
Freiheit 28 f*, 32, 45*, 48, 53-55, 59 f, 72, 88, 118, 125 f
Fürst dieser Welt 45, 72
Fürwahrhalten, zu glaubende Lehre 21, 39, 69 f*, 76, 78 f, 83 f, 93, 100, 103
Gebote 20, 28, 31, 33, 45-51, 54 f, 63, 102, 108, 113, 123
Geist 19, 23, 25, 27, 38, 55, 59 f, 71, 76, 92
Gekreuzigter Christus 22*, 24, 36, 70*, 74*, 82*, 89, 93, 102, 127
Gesetz, Nomos 22*, 24 f*, 27*, 33 f*, 44, 49-51*, 55, 73, 108, 126*

Gewalt 43 f, 57, 59-63, 84-86, 97, 110 f, 114, 119
Gewissen 48, 59 f
Gilgamesch-Epos 19, 46, 88
Glaube (vgl. Fürwahrhalten) 15 f*, 18*, 24 f*, 26, 28, 54, 68, 70 f, 80 f, 93 f, 103*, 108, 111, 118, 123, 125-128*
Glaubensbekenntnis 39*, 68*, 70, 84 f, 103*, 110, 125-128*
Glück 41, 57, 61, 63
Gnade 16, 18, 47 f, 55 f*, 63, 72, 79, 106, 108, 116
Gnosis 23*, 25, 34, 71 f*, 88, 123
Götter der Väter (Gott Abrahams, Gott Isaaks, Gott Jakobs) 75, 88
Goldene Regel 54
Gott 14 f*, 61, 89, 104, 107, 109 f, 115
Gottesbild 15 f*, 21, 39, 61, 124, 127*
"Gotteslästerliches" Christentum (vgl. Tod Gottes) 22 f, 30, 35 f*, 82, 107, 109
"Gottesmörder" 81, 90, 107 f
Gottgläubige 82
Gottheit Jesu 21-24*, 30, 35, 68, 76 f, 81, 106 f
Griechisches, hellenistisches Denken 14*, 23 f, 35 f, 46, 51-53, 70, 75, 77, 80, 82, 88, 90, 104
Güte Gottes 16, 31, 56, 109
Gut und Böse 19, 27*, 33, 45-48*, 53, 55, 113, 125
Häretiker 35, 89, 119*
Heilig 47, 58
Heiliger Geist 38 f*, 68, 84, 101 f, 121 f
Heiliger Krieg 74, 89

130

Heilsgeschehen, -geschichte 70, 73, 78, 95
Heilsweg 25, 33 f
Henotheismus 74, 126
Hexen 44, 84, 96
Hinduismus 43, 66, 90 f, 92, 99, 115-119*
Hiobbuch 28, 31, 45, 73
Historischer Jesus 19*, 21, 33, 35 f*, 69, 71, 78, 95
Horizontale 28, 112
Inspirierte 122
Ischtar 46
Islam, Moslems 38, 43 f, 66, 89-91, 99, 111-115*
Jahwe 88, 125
Jahwist 16, 73
Jesus Christus 32, 34, 45, 68, 70 f*, 73, 77, 80 f*, 84, 86, 91, 104, 110, 114, 120
Jodo-Sekte 118
Johannesevangelium 26*, 39, 43, 45, 69*, 71 f*, 74, 89, 91, 107*
Judenmission 110
Jüngstes Gericht 37, 47, 55, 94, 116, 123, 128
Kategorischer Imperativ 53, 55
Katholisch-Apostolische 85, 121 f
Katholizismus, Papsttum 38, 78, 80, 85-87, 90, 105 f*
Ketzer (vgl. Häretiker) 33-35*, 44, 77, 81, 84, 96, 119
Kirche 19 f*, 25, 37-39, 59 f*, 80, 84*, 86 f, 101-105, 111, 124, 127*
Kirche und Staat, religiöse und weltliche Macht 60 f, 64 f, 79, 83-87, 104
Königreich von Münster 120
Kontingenz, Zufälligkeit 41. 109

Koran 91, 111-115
Kosmos, Gute Ordnung 18, 46, 125
Kreuzzüge 84, 86, 89
Krieg (vgl. Heiliger Krieg) 42 f, 46, 50 f, 61-63*, 86, 120
Lebenswille, -bejahung, -mut 15, 31, 94, 101
Leid, Leiden 30-32, 36 f, 44, 102, 117 f, 126
Leidender Gottesknecht 23, 29*, 74, 81*, 107*, 109
Liebe Gottes 25 f, 31, 43, 48, 56, 61, 124 f
Liebe zu Gott 51, 53, 55 f
Logos 46, 71 f, 77, 114
Macht der Kirche, Gottes (bzw. seine Ohnmacht) und der Menschen 19-23, 29, 35, 37, 48, 55, 58-61*, 63 f, 75, 80, 83-87*, 95, 105, 110, 114, 119, 126 f
Mächte (z.B. des Guten und Bösen) 18 f, 43, 45-47, 72, 84, 90
Märtyrer 22*, 31, 36*, 39, 41 f, 57, 63, 109 f, 114, 120 f
Mahdi 92, 114*
Manichäismus 89 f
Marcioniten 123
Marduk 46
Marxismus 124
Mennoniten 76
Menschensohn 70, 74, 80, 92
Messalianer 122
Messias, Messianischer Geist, Messianische Zustände 23 f*, 35-37*, 60, 70, 74, 92, 101 f*, 104, 107 f, 114, 127
Metaphysik 9 f, 80, 104, 118
Mission (vgl. Judenmission) 85, 90

Mönchtum 41, 118 f
Molokanen 121
Monisten 92
Monotheismus 14 f, 18 f*, 27, 38, 75, 88, 113, 116, 126
Montanismus 121
Mormonen 120-122
Mysterienreligion 23*, 26*, 30, 36, 70, 78, 82, 88, 104
Mystik 28, 91, 111, 116 f
Mythos, Mythisches Denken (vgl. Christlicher Grundmythos) 9-11, 18, 21, 24*, 26, 31 f, 38 f, 46, 78-82, 87, 93, 95-97,101, 104, 109
Nächstenliebe 41 f, 53-57, 60, 63, 76, 118, 124, 127
Naherwartung 69 f, 83, 92,120, 122
Nationalsozialismus, Hitlerzeit 80, 82-84, 87, 90, 120
Natur (Physis) 15, 46, 48 f, 51, 57, 115, 118
Natur des Menschen 33, 43, 46-48, 63, 82, 99, 102
Naturwissenschaft und Glaube 17*, 21*, 37, 69, 93
Negative Theologie 15
Nestorianer 90
Neuapostolische 122
Neue Ethik 26 f*, 55 f
Neugeist-Bewegung 122
Nirwana 117
Nizänum, Nizänokonstantinopolitanum 68
Nomos: s. Gesetz
Ökumene, Ökumenischer Rat der Kirchen 22, 66, 68, 85, 87, 90
Offenbarung 13, 21*, 25, 31, 73, 76, 79 f, 106, 122, 127

Ontisch (vgl. Existentiell) 18*, 28*, 38*, 41 f, 45, 48, 53, 55, 88, 94*, 100 f, 104, 109, 123
Ontologie 17, 83, 91
Opfer 25, 29 f*, 32*, 49, 53, 70, 74, 77, 122
Ostkirche, Orthodoxe Kirchen 87, 104 f
Pali-Buddhismus 117
Panentheismus 15, 17
Pantheismus 15, 77 f, 88
Paraklet 39, 89
Paulusbriefe 23-28*, 32-34*, 36, 42, 56, 58, 69-73*, 82, 107 f, 110
Pazifismus 62
Pelagianer 122
Persönlicher Gott 15*, 101*, 116, 125*
Pharisäer 33-35, 108
Philanthropisches Werk 121
Philosophie 9 f*, 77-79, 83, 92-95*, 111 f, 116
Pietismus 120-122
Pistis: s. Glaube
Polytheismus 116, 126
Prädestination 47, 112
Praktische Vernunft 37, 48
Priester 38, 49, 106
Priesterschrift 19, 73
Proklamation des Staates Israel 107
Protestantisches Prinzip 35, 103 f
Psychoanalyse, Psychotherapie, Tiefenpsychologie 43. 56, 62, 79 f, 82, 90, 96, 118
Ptolemäisches und kopernikanisches Weltbild 14, 17
Quäker 76, 120
Raskolniki 120

Rechtfertigung des Sünders 25-28*, 30, 32, 63, 68, 76, 86, 91, 113 f, 116, 122
Rechtgläubigkeit, Rechte Lehre 35, 38, 67, 79, 85
Reich Gottes 19*, 37 f, 55, 59 f, 61, 70, 74, 83, 86, 89, 95, 106, 120, 123
Reiner Religionsglaube 55
Religion 13, 17 f, 41, 88*
Religionsloses Christentum 81, 104
Sakrament, Mysterium 19, 26*, 36*, 38, 58, 76, 79, 82*, 87, 95, 104-106, 121
Satan (vgl. Teufel) 27 f, 45, 120
Schatten 27 f*, 56, 120
Schicksal (vgl. Kontingenz) 28, 45, 47*, 57, 64, 76, 109 f, 125*
Schiiten 114
Schöpfer, Schöpfung 17-19*, 30-32, 39, 94, 101, 109, 116, 125*
Schriftprinzip 67 f*, 75, 77, 79, 103, 121 f
Sein (vgl. Existenzproblem) 15, 17, 41, 88
Sekten 119-123
Shin-Sekte 118
Shiva, Shivaismus 116
Sieben-Tafel-Epos 19, 46, 88
Sinn, das Wozu 15*, 18*, 26, 31 f*, 37*, 41, 44*, 88, 94, 101, 116, 118, 125 f*, 128
Slawophile 80, 105
Sohn Gottes 22 f, 35*, 38 f, 45, 68-70*, 74, 77, 80, 89, 101 f, 104
Sozinianer 122
Spiritualismus 76, 79
Spiritualität 41, 87, 116, 119

Stellvertretend Leidender 26, 29 f*, 32, 39, 67, 72, 74, 109, 111, 122, 127*
Sterbender und auferstehender Gott 23, 26, 36*
Stoiker 10, 46, 52, 88
Sünde (vgl. Rechtfertigung des Sünders) 16*, 25 f*, 30*, 72, 76, 102, 114, 116, 122, 128
Sündenbock 29*, 55, 57, 64, 84 f, 95 f, 100, 126
Sündenfall 16, 26*, 33*, 73
Synkretismus 91
Synoptiker 23 f, 33, 43, 69 f, 72
Tempelgesellschaft 122 f
Teufel, Diabolos (vgl. Satan) 45*, 47, 84, 106
Theismus 15, 17, 74, 91
Theodizee 16, 31 f*, 47, 113, 116
Theologische Ontologie 10*, 83, 88, 94 f*, 112, 123
Tiamat 46
Tod 26, 31, 37, 41 f*, 44, 49, 52, 121
Todesstrafe 16, 44, 50, 115
"Tod Gottes" 13, 30-35*, 37, 72, 76, 116, 124
Trennung von Kirche und Staat 41, 64 f, 87, 90, 114 f
Trimurti 116
Trinität: s. Dreieinigkeit
Tripertita theologia 10
Tugenden 51 f, 117
Umwelt 46, 51, 54, 59, 61, 97
Unitarier 122
Upanishaden 115 f, 118
Veden 115 f
Vernunftglaube 55
Vertikale 28, 112

Vishnu 116
Volk Gottes 13 f*, 19-21, 25*, 27, 39,
 42, 50, 59, 67, 101 f, 107-110*,
 123, 127
Volkskirche 19 f, 65
Waldenser 76, 120
Weltende, Endzeit 19, 37, 42 f*, 45,
 47*, 61, 70, 75*, 90, 95, 114, 122
Weltgericht: s. Jüngstes Gericht
Wille Gottes 20, 28, 33 f, 46*, 48 f,
 54, 61 f*, 64, 86, 101, 107, 110
Wirklichkeit für uns 17 f, 38, 93 f
Wort Gottes 113
Wunder 21, 33, 37, 74, 121*, 128
Yoga 91, 116
Zen-Buddhismus 118
Zeugen Jehovas 120-123
Zeus 46
Zweiheitlosigkeit 116

Personen

Abel 16
Abraham 25, 34, 73, 75, 89
Abubacer 111
Abu-Darr 114
Adam 33, 74
Adorno 82
Aischylos 46
Al-Arabi 91
Al-Aschari 113
Al-Bagdadi 113
Albertus Magnus 55
Al-Bistami 111
Al-Buhari 114
Al-Gazali 112
Al-Halladsch 111
Al-Kindi 112
Al-Maarri 91

Alt 75
Ambrosius 54
Anas 114 f
An-Nawawi 113 f
Aristoteles 52
Arius 77
Athanasius 77
Augustin 56
Averroes 112
Avicenna 112
Bab 91
Baker Eddy 121
Barth 79 f, 81, 83
Bauer 78
Beckett 97, 126
Bense 36
Bethge 81, 104
Beyer 71
Bischoff 122
Blavatzky 92
v. Bodelschwingh 32 f
Böhme 76
Bonhoeffer 53, 81, 104 f
Bonifatius VIII. 86
Buber 81
Buddhaghosa 118
Bultmann 79, 104
Cäsar 22
Calixt 78
Calvin 79
Camus 97
Chomiakow 105
Cohen 81
Cromwell 86
David 74
Dostojewskij 80, 87, 97, 105 f
Eckehart 77
Erasmus von Rotterdam 90
Eva 33
Fichte 78

Freud 80 f, 102
Freytag 121
Gelzer 23
v. Glasenapp 115, 117
Goethe 30, 90, 92
Gregor VII. 86
Haeckel 92
Hahn 23 f, 69
Hamel 54
Harder 105
Heidegger 80
Heinrich IV. 86
Heraklit 30, 46
Herbert v. Cherbury 77
Hermes 78
Heyse 80
Hirsch 78
Hölderlin 80
Hoffmann 122
Horaz 22
Horkheimer 82
Hutter 120
Ibn Tumart 114
Innocenz III. 86
Innocenz VIII. 84
Innocenz XI. 89
Iqbal 111
Jacoby 9 f, 17 f, 29, 37 f, 53, 83, 88, 95
Jakob 29, 73
Jaspers 10, 24, 79, 104
Jatho 79
Jesus:(vgl. im Sachverzeichnis: Christus, Gekreuzigter Christus, Gottheit Jesu, Historischer Jesus, Jesus Christus, Sohn Gottes) 13, 19, 21-26, 29-37, 43-45, 53, 55, 60, 68-78, 80-84, 86, 88-91, 95 f, 101-110, 114, 122 f, 126-128
Johannes Chrysostomos 81

Johannes XII. 84
Johannes v. Damaskus 89
Jonas 109
Kain 16, 44
Kant 37, 53, 55, 77, 83
Karl der Große 84
Karlstadt 76
Kellerhals 112
Kierkegaard 79
Kirejewskij 105
Kleanthes 46
Konstantin 77, 110
Krieck 80
Kyros 74
Lamech 44
Lehmann 80, 82
Lessing 90
Loisy 78
Ludendorff 120
Luther 26, 47 f, 58, 67, 76 f, 79, 86, 89 f, 93
Mani 89
Maria 38, 106
Marx 80, 102
Mensching 115, 117 f
Miller 122
Mohammed 91, 112, 114 f
Mohammed Abdu 111
Mohammed Ahmed 114
Mose 112
Müntzer 76, 86
Neumann 26, 29, 55, 82, 85
Nietzsche 80, 102, 124
Nikhilananda 116
Nikolaus I. 85
Nikolaus II. 86
Nygren 56
Oktavian 22
Origenes 77
Panaitios 10

Pascal 77, 79
Paulus: s. im Sachverzeichnis:
Paulusbriefe; dazu: 29, 67, 74, 89, 93, 96, 113
Pergande 32
Petrus 23, 71
Pius X. 78
Platon 51 f, 54 f
Pohlenz 10, 46
Poljak 123
Pontius Pilatus 36, 71
Poseidonios 10
Protagoras 51 f
Radhakrishnan 43
Ramakrishna 92, 116
Ram Mohan Rai 92, 116
Reimarus 77
Rendtorff 61
Rosenberg 80, 82
Rosenzweig 76, 81, 108
Rousseau 77
Rupp 79
Rutenborn 29, 82
Ruthven 89
Saijid Amir Ali 111
Sanai 68
Schaper 87
Schell 78
Schelling 75
Schlegel 90
Schleiermacher 78
Schlier 34
Schmitt 80

Schopenhauer 90
Schrempf 79
Schweitzer 28, 78
Semler 77
Servet 79
Shankara 116
Siddharta 117 f
Smith 121
Sozzini 122
Spener 76
Spinoza 49, 78
Steiner 92
Stephanus 73
Strauß 78
Suzuki 118
Tertullian 77
Thomas von Aquino 89
Tillich 35, 59, 79, 103
Tindal 77
Tödt 61
Toland 77
Tolstoj 76, 120
Traub 79
Tychon 88
Ubaidallah 114
Vaihinger 17
Vergil 22
Vivekananda 92
Voetius 76
Voltaire 47, 77
White 121
Zarathustra 18, 45, 72, 89
Zenon 46

www.ingramcontent.com/pod-product-compliance
Ingram Content Group UK Ltd.
Pitfield, Milton Keynes, MK11 3LW, UK
UKHW021836210426
5322IPUK00021B/323